»Richtig wandern«

Toscana und Latium

In der vorderen Umschlagklappe: Übersichtskarte Toscana

In der hinteren Umschlagklappe: Übersichtskarte Latium

»Richtig wandern«

Toscana und Latium

Christoph Hennig

DuMont Buchverlag Köln

Umschlagvorderseite: Landschaft bei Tonda (Foto: W. Ligges, Flaurling)
Umschlagklappe vorn: Olevano Romano (Foto: G. Henke, Bremen)
Umschlagrückseite: Im toskanischen Weinbaugebiet (Foto: W. Ligges, Flaurling)
Frontispiz S. 2: Latinische Landschaft am Rand des Apennin (Foto: W. Stuhler, Hergensweiler)

CIP-Kurztitelaufnahme der Deutschen Bibliothek

Henning, Christoph:
Toscana und Latium / Christoph Henning. – Köln :
DuMont, 1986.
(Richtig wandern)
ISBN 3-7701-1872-3

Satz und Druck: Rasch, Bramsche
Buchbinderische Verarbeitung: Bramscher Buchbinder Betriebe

Printed in Germany ISBN 3-7701-1872-3

Inhalt

In Italien wandern

Nicht weit von den bedeutenden, vielbesuchten Kunststädten Mittelitaliens finden sich reizvolle, oft einsame Landschaften von großer Schönheit. Die Toscana und Latium bieten eine Fülle von Möglichkeiten für Spaziergänge und ausgedehnte Wanderungen; aus der Fülle stellt dieses Buch eine Auswahl vor.

Alle hier beschriebenen Wege sind von den größeren Orten, in denen die Mehrzahl der Reisenden Quartier nimmt (Florenz, Siena, Rom, Viterbo), problemlos erreichbar. Sie stellen keinerlei sportliche oder bergsteigerische Anforderungen, sind vielmehr zugänglich für ›gewöhnliche‹ Spaziergänger und Wanderer jeglichen Alters. Natürlich verlangen sie – von dieser Grundvoraussetzung ausgehend – unterschiedliche Anstrengungen; auf diese wird in den Wegbeschreibungen jeweils hingewiesen.

Entscheidendes Auswahlkriterium war die landschaftliche Schönheit der Wege – ein selbstverständlicher Gesichtspunkt. Man wandert, um die Natur zu erleben – das gilt für Fußwanderungen in allen Teilen der Welt. Wer in Mittelitalien wandert, macht über das Naturerlebnis hinaus eine weitere Wandererfahrung. Die Toscana und Latium gehören zu den großen europäischen Kunst- und Kulturregionen. Immer wieder trifft man in diesen Gebieten auf die Zeugnisse einer außerordentlich reichen Vergangenheit: auf Kunstwerke und historisch bedeutsame Orte. Wanderungen in diesen Regionen sind Wanderungen in einer künstlerisch-geschichtlich geformten Welt.

Die vorliegende Auswahl unterstreicht diesen Aspekt. Die Wege sollen, wo immer möglich, die Gelegenheit bieten, Kunstwerke und historische Stätten zu erreichen. Der Wanderer wird entdecken, daß sein Zugang sich auch im geistigen Sinn verändert, wenn er zu Fuß zu Kirchen und Klöstern, Palästen und Gräberstädten gelangt. Er nähert sich ihnen in angemessener Weise. Solche Bauten sind ja in einer Welt ohne Motoren errichtet worden; jahrhundertelang gelangte man zu ihnen zu Fuß oder zu Pferde. Wie ihre Orte gewählt wurden, in welcher Beziehung zur Landschaft sie stehen – das erfaßt der Fußgänger mit allen Sinnen.

Die Einfühlung in die Vergangenheit, welche jeder aufmerksame Betrachter älterer Kunst unwillkürlich vornimmt, gewinnt für den Wanderer eine neue Dimension; denn nicht nur mit seinem Schauen, auch mit seinen *Bewegungen* tritt er in vergangene Vorstellungswelten ein. Sehr deutlich hat dies der Historiker Georges Duby in einem Buch über die Kunst der Zisterzienser ausgedrückt: »Um (das Kloster) Fontenay in seinem Sinn und der Stärke seiner Schönheit zu erfassen, muß man sich ihm Schritt für Schritt nähern, auf den Waldschneisen, im Oktoberregen, durch Dornen und Schlamm – mühevoll; so wie man Sénanque mühevoll entdecken muß, nach langem Weg über das Geröll der Hügel, in der Dürre des Juli.« – Dornen, Schlamm und Geröll suchen die Wege dieses Buches zwar zu vermeiden; aber auch bei geringerer Anstrengung findet der Wanderer einen besonderen, adäquaten Zugang zu vielen Kunstwerken.

Das Beispiel Latiums zeigt, wie eine ganze Region, welche den Fußwanderern vergangener Jahrhunderte als eine der schönsten – wenn nicht die schönste – Italiens galt, aus der Perspektive des Autofahrers als uninteressant erscheint (vgl. S. 140). Nicht zufällig nimmt daher Latium, neben der zu Recht bekannten und beliebten Toscana, in diesem Buch einen breiten Raum ein. Es ist ein Land des Fußwanderns par excellence, nicht nur deshalb, weil es viele und schöne Gelegenheiten dazu bietet, sondern weil seine Eigenart – wie die mancher Kunstwerke – nur aus der Annäherung zu Fuß ganz verstanden werden kann.

Wie verhalten sich aber die Fußwanderungen zur *Gegenwart* Italiens? Kommen wir auf ihnen auch der heutigen Realität dieses Landes – nicht nur der vergangenen – näher? Ja und nein. Jedoch: mehr nein als ja. Die Wanderungen dieses Buches steigern eine Tendenz, welche fast allem an Kultur und Landschaft interessierten Reisen innewohnt: sie ästhetisieren und archaisieren. Sie suchen das Schöne und das Alte. Sie führen in ›ursprüngliche‹, einsame, ›unzerstörte‹ Zonen. Das sind nicht die Gebiete, in denen modernes Leben pulsiert. Ähnlich wie ein Fotograf, welcher es vermeidet, auf einem Landschaftsfoto Hochspannungsleitungen erscheinen zu lassen (oder der auf der Aufnahme einer mittelalterlichen Gasse die Autos aus dem Blickfeld läßt), habe ich mit der Auswahl dieser Wanderungen viele Aspekte des modernen Italien ›eliminiert‹. Das Bild des Landes wird auf diese Weise harmonischer und ruhiger, als es der ganzen Wirklichkeit entspricht. Um die italienische Gegenwart zu erfassen, ist die Fußwanderung nicht der geeignete Weg (ebensowenig allerdings die kulturelle Besichtigungsreise). Wir können auf solchen Wanderungen wohl etwas über das Leben des toskanischen Weinbauern und des Fischers am latinischen See erfahren, vor allem, wenn wir die Sprache kennen; dieser Weinbauer und dieser Fischer aber stehen im modernen Italien am Rande. Die Fußwanderung erlaubt einen höchst intensiven Einblick in einige *Aspekte* der italienischen Gegenwart; aber sie läßt uns nicht in die wirtschaftlich und kulturell dominierenden Gebiete gelangen.

Das Wandern ist eine romantische Form des Reisens: es führt in ›Traumwelten‹, welche sich aus Landschafts- und Kunsteindrücken, aus menschlichen Begegnungen und der körperlichen Bewegung des Wanderers bilden. Diese Traumwelten sind nicht ›irreal‹. Sie bilden einen *Ausschnitt* des Ganzen – einen Ausschnitt, in dem Schönheit, Ruhe, Besinnung zu Hause sind. Die Wege dieses Buchs führen in ein unbekanntes Italien; vielleicht führen sie auch in der subjektiven Erfahrung des Wanderers in unbekannte Zonen.

Hinweise zu den Wegbeschreibungen

Die Wanderbeschreibungen geben zunächst eine kurze Schilderung der landschaftlichen und kulturellen Eigenart des Weges. Es folgt die eigentliche detaillierte Wegbeschreibung. An diese schließt sich eine Reihe von Hinweisen an (Dauer der Wanderung, Wegbeschaffenheit, Anstiege usw.). Die angegebenen *Zeiten* beschreiben dabei die reine Wanderzeit, ohne Pausen, bei einem mittleren Gehtempo. Unter dem Stichwort ›*Anstiege*‹ sind die insgesamt zu steigenden *Höhenmeter* notiert. Auf *Kilometerangaben* wurde bewußt verzichtet, da diese angesichts des sehr unterschiedlichen Charakters der Wege m. E. keinen sinnvollen Informationsgehalt haben. Die *Verkehrsverbindungen* bleiben erfahrungsgemäß über Jahre hinweg relativ gleich; ich habe daher z. T. recht genaue Angaben nach dem Stand von 1985 gemacht. (Einige weitere Informationen zu diesem wichtigen Punkt finden sich auf S. 216)

Nur ein kleiner Teil der beschriebenen Wege ist markiert. Auch gibt es für die Toscana und Latium gegenwärtig keine genauen topographischen Karten (vgl. Stichwort ›Karten‹, S. 213). Aus diesen beiden Gründen habe ich die Wegbeschreibungen sehr ausführlich gehalten, lieber zuviel Orientierungspunkte und Hinweise gegeben als zuwenig. Man wird beim Wandern schnell merken, daß die Orientierung im allgemeinen leichter ist, als es nach den umfassenden Beschreibungen erscheinen mag. Die meisten Wegbeschreibungen sind von Freunden ›getestet‹ worden; sie dürften auch ohne zusätzliches Kartenmaterial zur Orientierung ausreichen.

Die im Buch gegebenen Kartenskizzen dienen nur einem annäherungsweisen Überblick; der genaue Streckenverlauf geht aus dem *Text* hervor.

Bei den Wegbeschreibungen habe ich mich um gleichbleibende Begriffe bemüht. Die wichtigsten – immer wieder vorkommenden – sind:

›*Fahrweg*‹*:* nicht-asphaltierter befahrbarer Weg (auf italienisch: ›strada bianca‹)
›*Feldweg*‹, ›*Waldweg*‹*:* von Autos nicht befahrbare Wege
›*Pfad*‹, ›*Maultierpfad*‹*:* sehr schmale Wege

›*Querweg*‹*:* 

›*Abzweigung*‹*:*  oder 

›*Gabelung*‹*:* 

Die geschilderten Wege werden im allgemeinen wenig begangen; ob sich dies nach der Publikation dieses Buches ändern wird, bleibt abzuwarten. Wer auf jeden Fall *einsam* wandern will, suche sich die abgelegeneren Wege und/oder die ungewöhnlicheren Jahreszeiten. Bei Fiesole oder San Gimignano wird man gewiß eher auf Mitwanderer stoßen als am Vico-See oder bei Barbarano Romano.

Als günstigste *Jahreszeiten* für Wanderungen in Mittelitalien gelten der Frühling (April bis Mitte Juni) und der Spätsommer/Herbst (Mitte September bis Mitte/Ende Oktober). Im Hochsommer sind wegen der großen Hitze im allgemeinen nur kurze Spaziergänge möglich – es sei denn, man wandert sehr früh am Morgen oder abends. Spätherbst und Winter bieten unsichere Wetterverhältnisse, dabei immer wieder auch ideale Wandertage. (Ich erinnere mich an ›sommerliche‹ Novembertage bei Rom und an überwältigend schöne Wanderungen am Bolsena-See Ende Februar, mit Blicken auf den verschneiten Apennin. In keiner anderen Jahreszeit genießt man in Mittelitalien so weite Blicke wie an klaren Wintertagen.) – Von den beiden hier geschilderten Regionen hat Latium ein spürbar wärmeres Klima als die Toscana; das Frühjahr beginnt zeitiger, der Winter später. – In den beliebteren Reisezeiten – d. h. insbesondere zu Ostern und Pfingsten, aber auch im September – sollte man die *Hotels*, vor allem auf den mehrtägigen Wanderungen, unbedingt vorbestellen (vgl. Stichwort ›Unterkunft‹, S. 216).

Zum Schluß dieser einleitenden Bemerkungen noch zwei Bitten an die Leser-Wanderer:

1 Französische Weinbauern haben mir erzählt, daß sie durch die Benutzung der Wanderwege Einbußen erleiden – weil die Wanderer zu viel ›ernten‹. Sorgen wir dafür, daß diese italienischen Wanderwege nicht zum Ärgernis für die Anwohner werden! Es wächst zwar viel Obst und Wein in Italien, aber die einzelnen von Wanderern gepflückten Trauben, Feigen und Pfirsiche summieren sich für die Bauern doch. Es sollte daher selbstverständlich sein – so schwer es auch manchmal scheinen mag –, sich aus den Obstgärten und Weinbergen nicht selbst zu bedienen.

2 Landschaften – und Wege – ändern sich. Die Wegbeschreibungen dieses Buches entsprechen dem Stand von 1985. Ich wäre den Lesern dankbar, wenn sie Änderungen (Sperrungen, Asphaltierung u. a.), aber auch eventuelle Ungenauigkeiten bei der Beschreibung, schließlich auch Kritik und eigene Vorschläge dem Verlag mitteilten. Solche Hilfe könnte späteren Lesern zugute kommen.

Wanderungen in der Toscana

Spaziergänge und Tagesausflüge

Von Florenz aus

Die Umgebung von Florenz übt auf die Mehrzahl der Reisenden schon bei der ersten Begegnung eine starke Wirkung aus. Bei vielen ruft sie das Gefühl des ›Hier möchte ich wohnen‹ hervor. Tatsächlich hat die toskanische Landschaft bei Florenz etwas *Wohnliches:* außerordentlich harmonisch in Formen und Farben, an jeder Stelle durch menschliches Eingreifen geprägt, doch kaum je zerstört und geschändet, wirkt sie wie ein großer sonniger Garten. Dieser Garten hat seine verwilderten und unzugänglichen Stellen, seine heimlichen und schattigen Plätze; doch überwiegt der Eindruck von Klarheit und Übersichtlichkeit. Die florentinische Landschaft birgt kein Geheimnis. Sie erschließt sich schnell. Sie lädt ein zur Liebe auf den ersten Blick. Die leichte Bewegung der Hügelketten, welche nichts Schroffes oder Gewaltsames zeigen; die klaren Linien der Zypressenreihen und der Weinberge; die gedämpften und doch ausdrucksstarken Farbtöne der Ölbäume; die kubischen Formen der Bauernhäuser – das alles erzeugt im Betrachter jenes ästhetische Wohlgefallen, welches aus dem Gleichmaß von Ruhe und Bewegung, von Spannung und Spannungslosigkeit entsteht. Wahrscheinlich ist es dies *Maßvolle,* das uns diese Landschaft bereits vertraut erscheinen läßt, wenn wir sie zum ersten Mal betrachten.

Die im folgenden beschriebenen Wege führen in den großen Garten um Florenz – auch an seine verwilderten und heimlichen Plätze. Sie alle sind von Florenz aus ohne Mühe durchzuführen; Ausgangs- und Endpunkte sind durch gute Busverbindungen erreichbar. Wer mit dem eigenen Auto unterwegs ist, kann dieses für die Fahrten zu den Wanderungen bei San Gimignano, Vinci, Strada in Chianti benutzen; für die anderen Wanderungen sind die öffentlichen Verkehrsmittel empfehlenswerter. – Die meisten der Wege sind bequem zu gehen; auf einigen von ihnen kann man sich an den rot-weißen Markierungen des Club Alpino Italiano orientieren.

Alle Wege führen durch ›typisch‹ florentinisch-toskanische Landschaft. Ich habe darauf verzichtet, Wanderwege in den – von Florenz aus relativ leicht erreichbaren – Gebieten des Apennin anzugeben. Dort finden sich gewiß sehr schöne, häufig einsame Regionen; doch sind sie wenig charakteristisch für die Toscana, welche die meisten Reisenden anzieht: für diese milde, manchmal elegante, immer reizvolle Landschaft mit ihrer südlichen Vegetation und den allgegenwärtigen Spuren menschlicher Tätigkeit. (Wer in den Bergregionen bei Florenz wandern möchte, findet die

Beschreibungen zahlreicher vom Club Alpino Italiano markierter Wege in Joachim Deumling, Wander- und Reiseführer Toscana, Nelles Verlag. Das Kartenmaterial des CAI ist kostenlos erhältlich bei der Regione Toscana, Assessorato al Turismo, Via Fariui 8, Florenz, sowie beim CAI, 10 Via Proconsolo, Florenz.)

Die Busfahrten ab Florenz beginnen beim Busbahnhof der Gesellschaft SITA, welcher sich in unmittelbarer Nähe des Hauptbahnhofs S. Maria Novella befindet (Eingang von der Via di S. Caterina da Siena). Dort erhält man gegen eine geringe Gebühr auch den jeweils gültigen Fahrplan (orario) sämtlicher Buslinien. Fahrkarten sind in den Bussen nicht erhältlich, sondern am Schalter des Busbahnhofs (in kleineren Orten häufig in Bars) zu kaufen. Geschickterweise besorgt man sich gleich Karten für die Rückfahrt, vermeidet damit das – manchmal etwas mühselige – Suchen nach der richtigen Verkaufsstelle am Zielort der Wanderung. – Die angegebenen Busverbindungen gelten nur für die Werktage; sonn- und feiertags fahren die Busse erheblich seltener.

Die Wege ab Fiesole, Settignano, Bagno a Ripoli (erste bis dritte Wanderung) sind mit Stadtbussen erreichbar. Fahrkarten kauft man in diesem Fall in den Tabakgeschäften.

Außer den im folgenden geschilderten Wanderungen kann auch die Wanderung Colle di Val d'Elsa – San Gimignano (s. S. 39f.) problemlos von Florenz aus durchgeführt werden.

Der Blick auf die Stadt
Von Fiesole nach Settignano

Spaziergang in der unmittelbaren Umgebung von Florenz. Von Fiesole aus führt er durch die charakteristische Landschaft der florentinischen Hügel, durch Olivenhaine, Laub- und Zypressenwald. Sehr schöne Blicke auf Florenz vor dem Hintergrund der Berge des Chianti und des Pratomagno. Der Weg ist gut markiert, bereitet keinerlei Schwierigkeiten und ist von der Stadt aus schnell erreichbar. Eine Wanderung in die Einsamkeit erlaubt er daher nicht, man bleibt in der Nähe von Häusern und kleinen Sträßchen, wird vermutlich auch Mitwanderer treffen.

Wegbeschreibung

In Fiesole geht man auf der Piazza rechts am Reiterdenkmal vorbei, nimmt die kleine Straße, welche ganz rechts ansteigt (Via Giuseppe Verdi). Nach wenigen Minuten eine Gabelung; man geht links aufwärts. Mit Blick auf Florenz auf diesem Sträßchen den Hang entlang, bis es scharf nach links abbiegt (10 min). Man geht hier auf einem Feldweg weiter geradeaus, steigt langsam an zum Monte Céceri. An einem kleinen Platz im Wald mit Weggabelung folgt man dem Weg nach links aufwärts, geht an der nächsten Gabelung links und gleich wieder rechts, immer leicht ansteigend. Man biegt von dem breiteren Weg auf einen nach links abzweigenden Pfad (20 min), steigt relativ steil an und erreicht den Gipfel des Monte Céceri, den höchsten Punkt der Wanderung (25 min). Weiter Blick über die

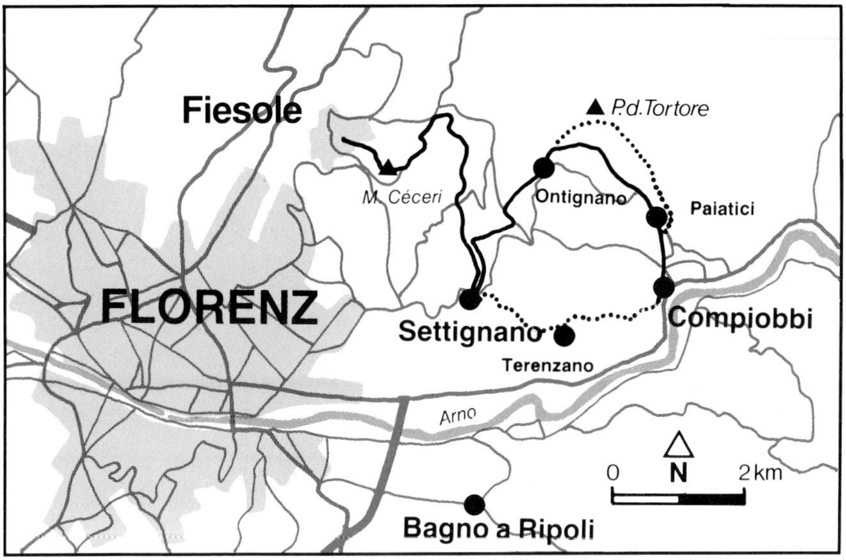

Wanderungen von Fiesole nach Settignano und von Settignano über Ontignano nach Compiobbi

florentinischen Hügel. Ein Gedenkstein erinnert an Leonardo da Vincis Idee, von diesem Berg aus Flugversuche zu starten (s. S. 17f.).

Auf breitem Weg vom Gipfel nach links; der Weg senkt sich langsam; vor einer Serpentine kürzt man ab, indem man einen Pfad nach rechts nimmt (30 min). Man erreicht wieder den breiten Weg, geht an einer Gabelung links und stößt bei einigen Häusern auf ein Asphaltsträßchen, welchem man nach rechts folgt. Kurz bevor man auf diesem zur Hauptstraße gelangt, biegt man (bei einem ›Vorfahrt-achten‹-Schild) nach rechts in einen Pfad, welcher an Ölbäumen vorbei zu einem verlassenen Gehöft führt (45 min). Am Gehöft vorbei zur Straße, auf dieser nach rechts bis zu einem Parkplatz etwa hundert Meter weiter. Bei diesem nach rechts in den Wald, auf dem oberen von zwei Pfaden bis zu einem breiteren Querweg. Auf diesem nach rechts bis zu einem Gestüt (1:05 Std.), links am Gestüt vorbei. Abstieg durch einen Olivenhain, dann durch Wald; man gelangt zu einem Bauernhof inmitten einer Ölbaumpflanzung. Bald darauf wieder Wald; an einer Gabelung geht man links aufwärts, kommt zu einer Straße (1:30 Std.). Man geht nach rechts, passiert ein Kirchlein und ein Anwesen, biegt nach diesem nach links in einen Feldweg. Diesem folgt man, bis er in einen Querweg mündet. Links gehen, an einem Bauernhaus vorbei. Hinter einem zweiten Bauernhaus biegt man nach links ab (1:45 Std.). (An dieser Stelle kreuzen sich zwei markierte Wanderwege. Die Markierungen, welche in alle Richtungen führen, können irritieren.)

Der Weg führt rasch abwärts, am Schluß durch eine schöne Zypressenallee. An einer Kreuzung auf einem Asphaltsträßchen (Via Desiderio da Settignano) geradeaus, am Friedhof vorbei nach Settignano hinein. An der nächsten Kreuzung rechts (Via San Romano) zur Piazza (Bushaltestelle) (2 Std.).

Variante: Fortsetzung Settignano – Compiobbi

Wer den Weg in Settignano fortsetzen möchte, kann in rund einer Stunde nach Compiob-

Blick auf Florenz

bi im Arnotal absteigen. Der Weg ist weiterhin markiert und – da er fast ausschließlich eben oder leicht absteigend verläuft – angenehm zu gehen; er ist allerdings nahezu durchgängig asphaltiert. Er führt durch harmonisch kultivierte, meist mit Olivenbäumen bestandene Landschaft, vorbei an Villen und Bauernhäusern; man blickt auf die Hügel des Arnotals.

In Settignano angekommen, geht man an der Kreuzung Via Desiderio da Settignano / Via di San Romano geradeaus weiter in die Via del Rosselino und folgt dieser aus dem Ort heraus, zunächst noch mit einigen leichten Anstiegen, dann eben und absteigend. Man bleibt immer auf dem Hauptweg. Bei einer Gabelung nach gut 15 Minuten rechts halten (Via di Terenzano), bald darauf bei einem Quersträßchen links aufwärts und gleich wieder – vor einem Friedhof – rechts in einen Pfad, auf welchem man zum Weiler Terenzano absteigt (30 min). Man biegt nach links, geht durch den Ort, hält sich bei einer Gabelung rechts, kommt wieder zu einem Asphaltsträßchen, in das man nach links einbiegt und dem man bis Compiobbi folgt (1 Std.).

Wichtige Hinweise

Dauer: 2 Std. (mit Variante 3 Std.)
Wegbeschaffenheit: fast durchweg breite Feldwege, gelegentlich schmalere Pfade, kurze Strecken asphaltiert. (Variante: fast durchgehend asphaltiert.)
Anstiege: Fiesole – Monte Céceri 120 m.
Schwierigkeitsgrad: leicht.
Orientierung: einfach.
Wegmarkierung: rot-weiße Markierung (Weg-Nr. 1) des Club Alpino Italiano.
Restaurants in Fiesole und Settignano.
Busverbindungen: Florenz – Fiesole mit Stadtbus Nr. 7 (ab Hauptbahnhof / Dom / Piazza S. Marco); Fahrzeit 25–30 min; Settignano – Florenz mit Stadtbus Nr. 10;

Fahrzeit bis Stadtzentrum Florenz 25–30 min;

Compiobbi – Florenz: häufige Bus-, gelegentliche Bahnverbindungen. Fahrzeit ca. 25 min.

Am Wege

Fiesole, Ortschaft auf einem Hügel oberhalb von Florenz. Die Stadt, im 9./8. Jh. v. Chr. gegründet, war lange Zeit wesentlich bedeutender als das erst in römischer Zeit entstandene Florenz. 1125 wurde sie von Florenz unterworfen. Wegen seiner schönen Lage und des angenehmen Klimas wurde Fiesole zur Zeit der Medici zum Sommersitz wohlhabender Florentiner, welche hier ihre Villen bauten. Diese Tradition hat sich bis in die Neuzeit erhalten (zahlreiche Villen des 19. Jh. an den Hängen unterhalb des Ortes).

Der *Dom* an der Piazza wurde 1028 begonnen, im 13. Jh. erneuert. Auf dem Hochaltar Marientriptychon von Bicci di Lorenzo (um 1450). Dreischiffige Krypta.

Sehenswert das *Ausgrabungsgebiet. Römisches Theater* (1. Jh. v. Chr.), das etwa 2500 Zuschauern Platz bot. *Thermen* (rechts vom Theater) mit Schwimmbecken, Resten der Heizungsanlage, verschiedenen Baderäumen. Auf der gegenüberliegenden Seite des Geländes Ruinen eines etruskischen, von den Römern umgebauten *Tempels.* Große, z.T. etruskische *Stadtmauer* (an der Nordseite des Geländes; am besten von einem kleinen Ausguck in der Nähe der Thermen zu sehen). Kleines *Museum* mit etruskischen und römischen Funden.

Monte Céceri (414 m). Leonardo da Vinci, der zahlreiche Flugmaschinen projektiert hatte (keine von ihnen wäre funktionsfähig gewesen), träumte offenbar davon, von diesem Berg aus den ersten Menschen sich in die Lüfte erheben zu lassen. Eine Gedenktafel auf

Römische Ruinen in Fiesole

dem Gipfel gibt seine entsprechende Tagebuchnotiz wieder. Sie lautet auf deutsch: »Der große Vogel wird sich über dem Rücken des großen Schwans zum ersten Flug erheben. Er wird das Universum mit Erstaunen erfüllen. Alle Schriften werden voll seines Rufes sein und ewiger Ruhm wird dem Orte bleiben, wo er entstand.« Der große Vogel – das war Leonardos Flugmaschine; der große Schwan ist der M. Céceri (cecero = Schwan).

In den florentinischen Hügeln
Von Settignano über Ontignano nach Compiobbi

Während die Wanderung Fiesole – Settignano sich am Rand der Talsenke von Florenz hält, mit häufigen Blicken auf die Stadt, führt der nun beschriebene Weg weiter ins Hinterland, in eine abgelegenere Gegend. Man bleibt auch hier noch in bewohntem Gebiet, aber die Nähe der Stadt ist kaum mehr spürbar. Man durchwandert das Tal des Flüßchens Sambre, mit Blicken auf laubwaldbestandene Hügel und verstreute Bauernhäuser, auf Zypressenwäldchen und Olivengärten. Besonders reizvoll ist dieser Weg im Frühling und zur Zeit der Laubfärbung. (Eine Variante, welche vor allem während der Ginsterblüte schöne Eindrücke bietet, führt auf einer etwas anstrengenderen Strecke durch einsame Landschaft.)

Wegbeschreibung

(Karte s. S. 15)

Von der Piazza in Settignano (Endstation des Busses) geht man die Via di San Romano aufwärts, biegt nach 150 Metern in die erste Straße nach links (Via Desiderio da Settignano), erreicht den Friedhof (knapp 10 min) und gleich darauf eine Kreuzung, an der man geradeaus geht und in einer Zypressenallee ansteigt (Wegmarkierung rot-weiß Nr. 1). Nach rund zehnminütigem Anstieg gelangt man zu einem Haus rechter Hand, bei dem man nach rechts abbiegt, um gleich wieder (um das Haus herumgehend) einen rechts abzweigenden Pfad einzuschlagen (Wegmarkierung rot-weiß Nr. 2). Aus diesem Pfad zwischen einem Wäldchen und einem Olivenhain aufwärts, mit schönem Blick auf Florenz. Der Pfad führt durch Gehölz weiter. Bei einer Gabelung rechts halten; an einem kleinen Platz in der Nähe einer Asphaltstraße (35 min) weiter auf kleinem Weg nach rechts aufwärts, parallel zur Straße. An einem weiteren Platz einige Meter nach links, dann wieder rechts. Man erreicht die Hügelkuppe bei der Straße Montebeni – Fiesole (45 min).

Man geht fünf Minuten auf dieser Straße in Richtung Fiesole (nach links), biegt dann nach rechts in einen abwärts führenden Feldweg (Wegmarkierung rot-weiß Nr. 6). Man steigt auf einigen Serpentinen ab, nimmt den zweiten nach rechts – abwärts – abzweigenden Weg (60 min). An einem Bauernhaus vorbei, durch einen Olivenhain bis zu einem asphaltierten Weg (1:05 Std.), dem man nach links abwärts folgt. Bald darauf sieht man rechts das Kirchlein des Weilers Ontignano, kommt zu einer Gabelung, bei der man weiter geradeaus geht (nunmehr Wegmarkierung Nr. 5). Abwärts zu einem Bach (mit einem kleinen Wasserfall), dann weiter auf langsam ansteigendem Weg mit schönen Blicken auf das Tal und seine Gehöfte. Nach gut anderthalb Stunden erreicht der Weg seinen höchsten Punkt. (Die rot-weiße Markierung führt hier in einen Pfad nach links aufwärts – vgl. Variante.)

Man geht auf dem Hauptweg ohne Markierung weiter. An einer Gabelung rechts, dann in Serpentinen hinab zu einem Bach (1:50 Std.). Diesen überqueren, auf seiner linken Seite weiter talabwärts. Man erreicht den Weiler Paiatici (2 Std.); ab hier ist das Sträßchen asphaltiert. In der ersten scharfen Rechtskurve der Asphaltstraße kann man nach links in einen Waldpfad einbiegen, der zunächst eben verläuft, dann, nach rund hundert Metern, steil nach rechts absteigt und beim Friedhof von Compiobbi wieder auf die Asphaltstraße trifft. Etwas bequemer (und etwas langweiliger) ist es, auf der Straße zu bleiben. An einer Gabelung oberhalb des Friedhofs rechts gehen, dann in Serpentinen abwärts nach Compiobbi (2:20 Std.).

Variante über Poggio delle Tortore

Dieser Weg führt aus dem bewohnten Gebiet heraus in vollkommen einsame Landschaft. Er bietet sehr schöne Blicke auf die toskanischen Berge, die Hügel des Chianti und Florenz. Allerdings ist er mit einem zusätzlichen vierzigminütigen Anstieg und vor allem mit einem etwas gleichförmigen langen Abstieg auf Waldwegen verbunden, so daß er mir nur für die Jahreszeiten empfehlenswert erscheint, in denen die Vegetation besondere Reize zeigt – vor allem für die Zeit der Ginsterblüte, denn weite Strecken des Weges sind dicht mit großen Ginsterbüschen bestanden.

Bei der Abzweigung des rot-weiß markierten Weges Nr. 5 (1:30 Std. ab Settignano) folgt man diesem nach links, steigt auf relativ steilem Pfad zwischen kleinen Eichen und Ginster an. Nach halbstündigem Anstieg von einer Hochfläche schöne Blicke auf Florenz. Noch ein Stück weiter aufwärts, bis man auf einen Querweg trifft. Weiter auf kleinem Pfad geradeaus. Der Blick auf die Berge im Norden wird frei. Man folgt dem Pfad in einer leichten Rechtskurve. Ein rot-weiß markierter Weg zweigt hier nach links in nördlicher Richtung ab; man bleibt jedoch auf dem Pfad, auf welchem man sich befindet (ab hier als Nr. 3 markiert). Der Pfad steigt in südöstlicher Richtung ab.

Vierzig Minuten Abstieg durch Ginster und Laubwald bis zu einem Zypressenwäldchen, an dessen unterem Ende man den markierten Weg verläßt und nach rechts biegt. Am unteren Rand einer mit Ölbäumen bestandenen Wiese entlang, nach wenigen Minuten auf dem Hauptweg nach links in den Wald, an einem großen Haus vorbei, wieder links abwärts. Gut anderthalb Stunden nach dem Beginn der Variante (3 Std. ab Settignano) erreicht man die ›scharfe Rechtskurve‹ unterhalb des Weiler Paiatici (vgl. Beschreibung des Hauptwegs oben). Von dort aus nach Compiobbi wie oben beschrieben.

Wichtige Hinweise

Dauer: 2:20 Std. (Variante: 3:15 Std.)

Wegbeschaffenheit: meist Feld- und Fahrwege, z. T. Pfade, letzte 10–15 min asphaltiert. Variante: streckenweise ein steiniger Pfad; Waldwege.

Anstiege: ca. 300 m in zwei Abschnitten. Variante: 500 m

Schwierigkeitsgrad: mittel (einige Anstiege).

Orientierung: einfach.

Wegmarkierung: rot-weiße Markierungen des Club Alpino Italiano. Nacheinander Wege Nr. 1, Nr. 2, Nr. 6, Nr. 5 (Variante: zusätzlich Nr. 3). Letzte fünfzig Minuten (Variante: letzte 25 min) ohne Markierung.

Restaurants in Settignano und Compiobbi.

Busverbindungen: Florenz – Settignano mit Stadtbus Nr. 10 ab Bahnhof / Dom / Piazza San Marco. Fahrzeit 25–30 min;
Compiobbi – Florenz: häufige Bus- und gelegentliche Bahnverbindungen. Fahrzeit ca. 25 min.

Über dem Tal des Arno
Von Bagno a Ripoli nach San Donato in Collina

Dieser Weg im Südosten von Florenz bietet schöne Blicke auf die Stadt und das Arno-Tal, später auch auf das Gebirge des Pratomagno. Er führt in abwechslungsreichem Auf und Ab durch Wald, Ölbaumhaine und über ginsterbestandene Flächen. Von Zeit zu Zeit tauchen Häuser und Häusergruppen auf; dann wieder verläuft der Pfad in der nahezu vollkommenen Ruhe des Waldes. Die Großstadt scheint weit entfernt.

Wegbeschreibung

Von der Endstation der Buslinien 23 C und 23 E in Bagno a Ripoli, Ortsteil La Fonte geht man auf der Straße ortsauswärts (Richtung S. Donato), biegt nach fünf Minuten links ab in ein kleineres Sträßchen (Richtung Bigallo), welches zwischen Olivenpflanzungen ansteigt. Im Weiler Bigallo wendet man sich – vor einem großen Gebäude rechter Hand – nach links in einen Feldweg (Via della Bascula; gut 20 min; der Weg ist ab hier rot-weiß – Nr. 6 – markiert). Kurz darauf biegt man hinter einer Villa nach rechts, geht bei der nächsten Abzweigung geradeaus. Wenige Minuten später verläßt man den Hauptweg, nimmt einen kleineren Weg nach rechts, zunächst an einem Zaun entlang. Gleich wieder links; man steigt nunmehr im Wald aufwärts. An einer weiteren Gabelung links, nächste Gabelung rechts.

Der Weg steigt, gut markiert, zum Teil mit schönen Blicken aufs Arnotal und die gegenüberliegenden Berge, im Wald weiter an. Bei einer Gabelung an einer Stelle, wo mehrere Steinstufen im Weg liegen, hält man sich rechts (45 min), erreicht bald darauf einen kleinen Platz mit einigen Schuppen linker Hand, geht hier auf kleinem Pfad geradeaus. Bei einem Teersträßchen biegt man nach links, steigt weiter an in Richtung auf eine Villa, an der man schließlich links vorbeigeht (Monte Pilli, 491 m; 60 min.).

Der Weg senkt sich, trifft auf einen anderen Weg. Man hält sich leicht rechts, geht auf dem unteren von zwei zunächst parallel verlaufenden Wegen in östlicher Richtung, passiert bald ein Bauernhaus und kurz darauf ein Restaurant, trifft schließlich auf eine Asphaltstraße (1:15 Std.). Man biegt hier in einen nach links abwärts führenden Feldweg. Vor dem ersten Haus nach links, vor dem nächsten nach rechts, am dritten links vorbei; bei einer Weggabelung nach rechts aufwärts in den Wald. Bei einer Abzweigung geradeaus; Blik-

Wanderungen von Bagno a Ripoli nach S. Donato in Collina und von S. Donato in Collina nach Chiocchio

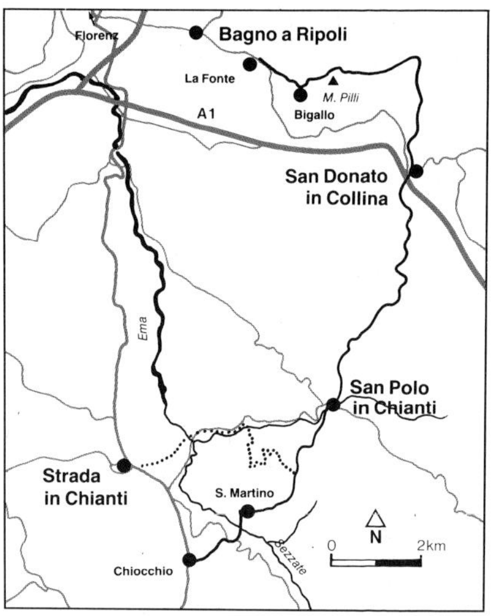

ke auf einen Teich unterhalb terrassierter Olivenpflanzungen.

Weiter auf kleinem Pfad durch Wald. Man erreicht einen Fahrweg, auf dem man sich nach links wendet, auf ein modernes Haus zu; vor diesem biegt man nach rechts in einen ansteigenden Pfad (1:40 Std.; ab hier Markierung rot-weiß Nr. 00).

Über eine kleine Hochfläche mit sehr schönen Fernblicken zu einer Asphaltstraße (knapp 2 Std.). Man geht auf dieser geradeaus. Wenige Minuten darauf, vor der Villa ›Le Vedute‹ (Hausnummer 74), nach rechts in einen kleinen, ein kurzes Stück steil absteigenden Pfad. Unterhalb der Villa am Zaun entlang. Weiter durch Gebüsch, Eichenwald, Ginster. Nach knapp zweieinhalb Stunden erblickt man vor sich eine Straße, geht an einer Gabelung links, erreicht die Straße und, sich nach links wendend, auf dieser nach einem Kilometer San Donato (2:40 Std.).

Wichtige Hinweise

Dauer: 2:40 Std.
Wegbeschaffenheit: Feldwege und Waldpfade; ca. 35 min auf Asphaltstraßen.
Anstiege: ca. 400 m in zwei Abschnitten.
Schwierigkeitsgrad: mittel (einige Anstiege).
Orientierung: einfach.
Wegmarkierung: ab Bigallo (nach gut 20 min) rot-weiße Markierungen des CAI; zunächst Weg Nr. 6, dann Weg 00:
Restaurants in San Donato und Collina.
Busverbindungen: ab Florenz Stadtbus 23 C oder 23 E (ab Hauptbahnhof oder Dom) bis Bagno a Ripoli – La Fonte (Endstation). Der Bus verkehrt etwa vierzigminütig; Fahrzeit 30–40 min.
San Donato – Florenz mit SITA-Bus (verkehrt bis 20 Uhr etwa stündlich). Fahrzeit 40 min. Fahrkarten in Bar in S. Donato erhältlich.

Der Panoramaweg des Chianti
Von San Donato in Collina nach Chiocchio

Eine große Wanderung der weiten Blicke am nördlichen Rand des Chiantigebiets. Lange Strecken geht man am Hang macchiabewachsener Hügel, genießt eine außerordentliche Sicht auf das Gebiet um Florenz, die Stadt selbst, den Apennin. (Man sollte sich daher für die Wanderung einen klaren Tag aussuchen.) Die verschiedenen Gesichter der Landschaft erscheinen: man durchwandert Wälder und Weinberge, Olivenhaine und wucherndes Gebüsch, sieht burgartige Bauernhäuser, durchquert ein ruhiges Flußtal. Im Frühling erfüllt der Duft von Baumheide und Ginster die Wege.

Der Weg ist lang, weist einen recht steilen Anstieg auf und war, als ich ihn ging, auf einer kurzen Strecke von Stechginster nahezu überwachsen. Es lohnt sich, all diese Schwierigkeiten auf sich zu nehmen; wer sie aber vermeiden möchte, hat zwei Alternativen zur Auswahl: entweder nur Teilstücke des Weges (S. Donato – S. Polo bzw. S. Polo – Chiocchio) zu gehen oder aber hinter S. Polo eine einfachere (wenn auch langweiligere) Variante einzuschlagen. Die erforderlichen Erläuterungen finden sich in der Wegbeschreibung.

Wegbeschreibung

(Karte s. S. 20)

Im Ort S. Donato biegt man bei der Kirche von der Hauptstraße in westlicher Richtung in die Via di Montisoni. Nach 200 Metern vor dem Friedhof eine Gabelung; man geht links aufwärts (rot-weiße Markierung Nr. 00), steigt auf Asphaltsträßchen an. Nach rechts bei klarer Sicht schöner Blick auf Florenz vor dem Hintergrund des Apennin. Bei einer zweiten Gabelung nimmt man das nach rechts aufwärts führende Sträßchen (Markierung). Noch eine Gabelung; man geht rechts (Wegweiser ›Casa di Gambaraia‹).

Nach einiger Zeit hört die Asphaltierung auf; durch Wald auf Fahrweg weiter aufwärts; schöne Blicke ins Tal. Vorbei am Anwesen Casa di Gambaraia, zu welchem bei einer Gabelung ein Weg nach links abbiegt. Man hält sich bei dieser Gabelung rechts, bleibt auf dem leicht ansteigenden Fahrweg (Wegweiser ›Fonte Santa‹). Schöne Blicke auf das Arnotal und das Gebirge des Pratomagno.

Eine Hügelkuppe (30 min); hier kreuzen sich mehrere Wege; Markierungen führen in verschiedene Richtungen. Man geht geradeaus weiter in Richtung auf ein in 200 Meter Entfernung sichtbares Häuschen (rot-weiße Markierung Nr. 10, 12, 14). Man passiert das Haus (eine Tafel erinnert daran, daß in diesem Haus – welches 1945 neuaufgebaut wurde – antifaschistische Partisanen Unterschlupf fanden). Gleich darauf ein Brunnen (kein Trinkwasser). Eine Gabelung; nach rechts zweigt der rot-weiß markierte Weg Nr. 10 ab; man geht hier links (Weg Nr. 14).

Der Weg hält sich auf der Höhe; schöne Blicke auf das Hügelland um Florenz und den Apennin; große Hänge voller Ginster. Eine Gabelung (40 min); man geht links (kleiner Wegweiser ›Nr. 14 Tizzano‹). Weg senkt sich allmählich. Ein Querweg (55 min); man geht links, weiter abwärts. Kurz darauf eine Gabelung, man geht rechts abwärts, wenige Minuten danach bei einem Querweg wieder rechts, passiert wenig später einige Häuser. Hinter diesen an einer Gabelung geradeaus (der linke der beiden Wege). 100 Meter weiter biegt man an einer Wegkreuzung nach links, verläßt hier die rot-weiße Markierung, welche geradeaus weiterführt. Nach wenigen Metern eine weitere Wegkreuzung; man geht geradeaus auf schmalem Pfad an Ginsterbüschen vorbei.

Im Tal sind die Häuser von S. Polo sichtbar; man geht auf sie zu. Bei einer Weggabelung nach zwei Minuten auf dem Pfad hält man sich links, folgt einer Fahrspur auf der linken Talseite. Man steigt hinab zum Bach, geht auf dessen linker Seite talabwärts. Eine Gabelung (1:20 Std.); man geht rechts, steigt weiter am Bach entlang zu Tal. Etwa 200 Meter vor einem weißgestrichenen Haus biegt man vom Weg nach rechts zu einem Bachübergang (1:35 Std.), überquert den Bach, geht

unmittelbar danach nach links auf schmalem Pfad über eine Wiese, dann auf der rechten Bachseite weiter talwärts. An Weinstöcken und Obstbäumen vorbei gelangt man zu den ersten Häusern von S. Polo und zu einer Asphaltstraße, wendet sich hier nach links und gleich darauf nach rechts, erreicht im Ortsmittelpunkt – bei einer Bar / Telefonzelle / Tankstelle – die Straße Florenz – Figline Val d'Arno (1:45 Std.).

Auf dieser Straße geht man nach rechts (Richtung Florenz), biegt nach ca. 100 Metern nach links in einen Fahrweg (kleiner Wegweiser ›Linari‹). Gleich darauf auf einer Brücke über einen Bach. Bei einer Gabelung kurz darauf nimmt man den rechten, steil ansteigenden Weg. An einem großen Bauernhaus vorbei (1:55 Std.), weiter aufwärts. Bei einer Abzweigung wenige Minuten nach dem Bauernhaus bleibt man auf dem rechts aufwärts führenden Hauptweg, der unmittelbar danach eine scharfe Rechtskurve beschreibt und auf ein Tor zuführt. Man geht, wenn das Tor geschlossen ist, rechts an diesem vorbei (Weg ist für Fahrzeuge gesperrt), bleibt weiter auf dem Fahrweg. Weg führt leicht ansteigend durch Wald.

Nach 2:15 Stunden Abzweigung eines Fahrweges nach links aufwärts; man geht geradeaus weiter. Eine Rechtskurve, im Tal wird S. Polo sichtbar. Etwa zweihundert Meter weiter, bei der Abzweigung eines nach links leicht aufwärts führenden Weges, verläßt man den Hauptweg (welcher auf ein Haus zuführt), folgt dem nach links führenden Weg. Man erreicht nach wenigen Metern eine kleine Kuppe mit einer Wegkreuzung (2:20 Std.). Man geht an der Kreuzung nach links, auf dem Hügelkamm in südlicher Richtung aufwärts. Nach 30 Metern biegt man bei einer Abzweigung in einen schmalen Weg nach rechts.

Am Hang entlang (schöne Blicke auf das Chianti-Gebiet); man durchschreitet in großem Bogen ein kleines Tal, betritt ein Wäldchen, überquert einen Bach (2:30 Std.). Sobald der kleine Wald endet, der Blick nach Norden wieder freier wird (bei klarer Sicht Teile von Florenz sichtbar), zweigt nach links aufwärts ein kleiner Pfad ab (2:40 Std.). Er ist leicht zu übersehen, da etwas zugewachsen. Man folgt diesem Pfad, der nach wenigen Metern zu einem breiteren Weg führt. Am Hang entlang links an zwei Häusern vorbei. Beim zweiten Haus gelangt man auf einen Fahrweg, steigt auf diesem etwas an, erreicht ein Sträßlein (ab hier Variante, s. unten S. 25), auf dem man sich nach links aufwärts wendet. Wenige Minuten auf dem Sträßlein, dann biegt man vor einem Anwesen nach rechts in einen Fahrweg. Relativ steiler, schattenloser Anstieg (insgesamt etwa 20 min Dauer); kurz nachdem sich der Weg wieder senkt, erreicht man eine Gabelung, bei der man rechts geht (3:05 Std.).

Man kommt bald darauf zu einem verfallenen Haus auf einem Hügelkamm, biegt vor diesem nach rechts und nach hundert Metern in einen nach rechts abwärts führenden Weg. Auf diesem nach weiteren hundert Metern eine Abzweigung; man geht geradeaus abwärts (der linke der beiden Wege); bei einer weiteren Gabelung (3:20 Std.) rechts abwärts auf dem breiteren Weg. Steil abwärts bis zu einem Querweg (3:25 Std.), auf diesem nach links. Auf einem nun folgenden kurzen Stück (ca. 200 m) war der Weg, als ich ihn ging, sehr dicht zugewachsen (Stechginster), mühselig zu gehen. Bald darauf (3:35 Std.) zweigt ein steiler Pfad nach rechts ab; man folgt ihm abwärts. Der Pfad biegt oberhalb eines Bachtales nach links; Sezzate und San Martino werden sichtbar. Durch schöne Macchia geht man abwärts auf die Häuser zu, passiert zwei Häuser (3:50 Std.), geht auf Fahrweg weiter abwärts. Wenig später eine Gabelung vor einer Häusergruppe; man geht links. Rechter Hand ein Zaun; kurz nachdem dieser endet, biegt man nach rechts in einen Weg, welcher in Kurven durch einen Olivenhain abwärts ins Flußtal führt.

Auf halbem Abstieg zweigt nach links ein Pfad in Richtung auf die Burg auf der anderen Flußseite ab und führt zu einer Brücke (4:10 Std.). Man nimmt diesen Pfad, überquert zwischen zwei Hausruinen auf der Brücke den Fluß, steigt aufwärts, geht bei einer Gabelung links, bleibt bei einer weiteren Abzweigung auf dem breiteren Weg. Unterhalb der Burg (Castello Mugnana) biegt man nach rechts auf einen Fahrweg (4:20 Std.), gleich darauf auf einer Asphaltstraße nach rechts. Einige hundert Meter auf der Asphaltstraße, nach einer Rechtskurve biegt man nach links in einen steil aufwärts führenden Fahrweg. Diesem folgt man geradeaus bis Chiocchio (4:45 Std.).

Variante: S. Polo – Strada in Chianti
Wer die – möglicherweise zugewachsenen – Pfade vor San Martino und Sezzate vermeiden möchte, kann die folgende, allerdings weitaus weniger interessante Route wählen.

Nach gut 2:45 Std. (Wegbeschreibung oben S. 24: »erreicht ein Sträßlein«) biegt man auf diesem Sträßlein nach rechts, folgt ihm talwärts, bis man (ca. 3:15 Std.) die Straße S. Polo – Strada erreicht. Auf dieser nach links (Richtung Strada). Man geht etwa zwei Kilometer auf der Straße, vorbei an der Abzweigung nach Sezzate und an einem Fabrikgebäude linker Hand. Die Straße beschreibt eine Linkskurve, überquert das Flüßchen Ema. Unmittelbar darauf biegt rechts ein Fahrweg ab. Von der Abzweigung des Fahrwegs steigt man in südwestlicher Richtung an, in Richtung auf eine Piniengruppe und einen rechts von der Piniengruppe sichtbaren Mast einer Hochspannungsleitung. Man geht links an diesem Mast vorbei auf sehr schmalem Pfad aufwärts, gelangt in ein Wäldchen, folgt weiter dem Pfad. Unterhalb eines Hauses gelangt man auf einen breiteren Weg, geht nach links auf das Haus zu, an diesem vorbei (4 Std.), gelangt zu einem Asphaltsträßchen, dem man bis Strada (4:15 Std.) folgt.

Wichtige Hinweise

Dauer: 4:45 Std.; Variante 4:15 Std.
Teilstücke: S. Donato – S. Polo 1:45 Std.;
S. Polo – Chiocchio 3 Std.;
S. Polo – Strada 2:30 Std.

Wegbeschaffenheit: Fahrwege und Pfade; in einem kleinen Teilstück Weg u. U. zugewachsen. Variante: vermeidet zugewachsene Pfade, statt dessen ca. 4 km Asphaltstraße (wenig befahren).

Anstiege: ca. 500 m; Variante: ca. 400 m.

Schwierigkeitsgrad: anstrengende Wanderung (Variante: mittlere Anstrengung).

Orientierung: bis S. Polo einfach, zwischen S. Polo und Chiocchio z. T. schwierig (Variante: mittelschwer).

Wegmarkierung: von S. Donato bis kurz vor S. Polo rot-weiß Nr. 00 / Nr. 14; anschließend nicht markiert.

Restaurants in San Donato, Chiocchio; Bar und Lebensmittelgeschäfte auch in San Polo.

Busverbindungen: Florenz – S. Donato etwa stündlich; Fahrzeit 40 min. Florenz – S. Polo vormittags drei Verbindungen (7.05, 10.35, 13.30 Uhr); Fahrzeit 50 min;
Chiocchio bzw. Strada – Florenz etwa anderthalbstündig; Fahrzeit 50 bzw. 40 min; letzter Bus gegen 19 Uhr;
S. Polo – Florenz nachmittags drei Verbindungen; letzter Bus (mo–fr) 18.25 Uhr.

Geformte Natur. Toskanische Landschaft, toskanische Landhäuser

Die toskanische Kultur ist Stadtkultur. Auch die Landschaft wurde von den Städten her geprägt. Wie kaum eine andere Region wurde das Hügelland der Toscana von Menschen bewußt geformt. Geschichtliche und soziale Entwicklungen lassen sich an dieser Landschaft noch heute ablesen.

Die ungezähmte Natur hat für die Italiener niemals die romantischen Reize gehabt, welche der Nord- und Mitteleuropäer in ihr sucht. Aus den Wäldern (foreste) kommt der *Fremde,* welcher noch im heutigen Italienisch forestiero heißt. Der *zivilisierte Mensch* aber wohnt in der civitas (città), der Stadt. Nach ihrem Vorbild – als geordneten Organismus – sucht er auch die Landschaft einzurichten.

Die ›zivilisierende‹ Haltung gegenüber der Natur ist in Italien zu allen Zeiten spürbar gewesen. Sie kommt zum Beispiel in den Bewässerungsprojekten und Straßenanlagen der alten Römer zum Ausdruck. In der Toscana wird sie besonders deutlich, weil hier eine reiche, rational gebildete Gesellschaftsschicht – die florentinische Bourgeoisie – ab einem bestimmten Zeitpunkt – Ende des 16. Jahrhunderts – all ihre Energien und ihr Kapital dem Landleben zuwandte. Das Land wurde völlig von einer städtischen Gruppe überformt. Aber dadurch wurde die Landschaft nicht – wie es heute wohl in einem vergleichbaren Fall geschähe – ästhetisch ›zerstört‹; im Gegenteil, das toskanische Land wurde zu dem Kunstwerk, welches es heute noch darstellt. Wie ist das zu erklären? Einerseits gewiß mit dem hochentwickelten, in Jahrhunderten geprägten ästhetischen Sinn des florentinischen Bürgertums; daneben aber auch – allgemeiner – durch die Auffassungen einer Zeit, in welcher Technik und Ästhetik noch nicht getrennt waren und die darüber hinaus nicht über die Mittel verfügte, die Natur radikal dem Menschen zu ›unterwerfen‹. So entstand die Harmonie der toskanischen Landschaft, eine Harmonie zwischen dem planenden Wollen der Menschen und der frei sich entfaltenden Natur: Harmonie zwischen den weichen Formen der Hügel und den geraden Linien der Wege und Alleen; zwischen der ewigen Unregelmäßigkeit der Erde und den geometrischen Mustern der Weinberge; zwischen den leichten Bewegungen der Bäume und der festen Klarheit der Häuser.

Die einfachen Bauernhäuser wie die Villen zeigen den *Einfluß der städtischen Architektur.* Sie sind rational geplant und fast immer nach einheitlichem Plan erbaut worden (im Gegensatz zu den Häusern der Kleinbauern in anderen Regionen, bei denen Anbauten jeweils dann entstanden, wenn Geld vorhanden war). Klare Formen zeichnen sie aus. Die ›Case coloniche‹ der Bauern sind aus selbständigen Einzelvolumen zusammengesetzt wie die Bauwerke der Renaissance. Über einer Außentreppe weisen viele von ihnen eine Loggia auf, die deutlich den repräsentativen Bogenhallen größerer Gebäude nachempfunden ist. Wie in der mittelalterlichen Stadt baute man eher in die Höhe als in die Breite. Ställe, Vorratsräume und Wohnung befinden sich im toskanischen Bauernhaus unter einem Dach – so wie Werkstatt und Wohnung im Haus des städtischen Handwerkers.

Besonders charakteristisch für viele toskanische Bauernhäuser ist der Taubenturm, welcher sie überragt. Er diente praktischen Zwecken: Die Tauben lieferten Fleisch; mit ihrem Mist düngte man auch die einstmals verbreiteten Hanf- und Flachskulturen. Dieser Turm, welcher selbst kleineren Häusern oft den Anstrich eines Kastells gibt, zeigt zugleich die Herkunft des ländlichen Bauens aus der Stadt. Die toskanischen Städte des Mittelalters waren von Türmen überkrönt. Der Turm war ein Wehrwerk, aber auch symbolischer Ausdruck für die Bedeutung des Hausbesitzers. Aus der städtischen Architektur ist der Turm in die ländliche gewandert.

Nicht nur die Hausformen sind städtisch beeinflußt. Auch die Gestaltung der Landschaft folgt gleichsam einem urbanistischen Plan.

Straßen, Auffahrten, Wegkreuzungen werden durch Bäume, vor allem durch Zypressen hervorgehoben. Die Zypresse ist dem Turm vergleichbar. Von ähnlicher Gestalt, hat sie eine entsprechende Funktion. Sie gibt, in einem welligen und weit sich erstreckenden Hügelland, deutlich die Vertikalrichtung an, so wie die Türme über dem Dächerfeld der mittelalterlichen Stadt.

Die Häuser stehen zumeist auf Hügeln – des besseren Überblicks wegen, aber auch aus symbolisch-ästhetischen Gründen: Die menschliche Behausung soll sich über ihrer Umgebung befinden, soll sie beherrschen. Zugleich aber fügt sie sich, durch ihr Baumaterial und ihren Maßstab, der Umgebung ein. Der Mensch dominiert die Natur, aber er paßt sich ihr auch an; der Einklang ist nicht gestört.

Im toskanischen Hügelland sieht man kaum alte Dörfer. Überall aber erblickt man einzeln stehende, über das Land in regelmäßigem Abstand verstreute Bauernhöfe. Diese Siedlungsform – wie auch der starke städtische Einfluß auf dem Land – hängt mit dem System der *Mezzadria* (Halbpacht) zusammen, welches bis vor wenigen Jahrzehnten die sozialen Beziehungen der toskanischen Landwirtschaft bestimmte. Ein kurzer historischer Rückblick erleichtert sein Verständnis.

Im frühen Mittelalter wohnte die Landbevölkerung in befestigten Dörfern und Burgen. Die Bauern waren direkt vom Feudalherrn abhängig, großenteils Leibeigene. Die Herren ihrerseits aber gerieten mehr und mehr in Abhängigkeit von den aufstrebenden toskanischen Stadtstaaten; viele von ihnen wurden gezwungen, in der Stadt Wohnung zu nehmen. Zugleich erwarben die wohlhabenden Kaufleute und Handwerker Sienas, Florenz' und anderer Städte zunehmend Landbesitz. Kaum ein Grundbesitzer lebte schließlich noch auf dem Land. Die Situation führte im ausgehenden Mittelalter zu einer neuen Ordnung der Beziehungen zwischen Bauern und Herren. Die Leibeigenschaft erwies sich nicht mehr als sinnvoll. Die entfernt von ihren Ländereien wohnenden Besitzer brauchten Bauern, welche selbständig arbeiteten und am Ergebnis der Arbeit interessiert waren. Das Mezzadria-System – welches schon seit dem 9. Jahrhundert gelegentlich vorkam – breitete sich aus. Es sicherte den Bauern die Benutzung von Haus, Land, Arbeitsmitteln, oft für Generationen; die Arbeitserträge wurden zwischen Besitzer und Bauern geteilt. Die Bauern blieben besitzlos und abhängig; sie unterstanden aber in ihrer Arbeit keinem Befehl und waren beteiligt am Ertrag ihrer Anstrengungen.

Dieses System, für seine Zeit ›fortschrittlich‹, hat sich über Jahrhunderte erhalten. Erst nach dem Zweiten Weltkrieg ist es allmählich verschwunden. Die toskanischen Bauern waren selbständiger und selbstbewußter als die Landarbeiter Süditaliens, wohlhabender als die meisten Kleinbauern mit eigenem Land; aber sie arbeiteten nicht auf eigenem Boden und mußten einen großen Teil ihres Arbeitsertrags dem

Bauernhaus bei Castellina in Chianti

Landbesitzer abgeben. (Das hat mit dazu beigetragen, daß die Toscana eine ›rote‹ Region wurde. Die Landbevölkerung wählt traditionell kommunistisch oder sozialistisch.)

Die Mezzadria hat zu jener besonderen Siedlungsform geführt, die wir noch heute in der Toscana vorfinden. Die Pächter wurden nicht in Dörfern angesiedelt – von wo aus sie täglich weite Wege zu ihren Feldern hätten zurücklegen müssen –, sondern auf Höfen (poderi), welche einzeln inmitten der Ländereien stehen. Auf diesen Höfen lebten Großfamilien; das umgebende Land war gerade so groß, daß der Familienverband es ohne fremde Hilfe bearbeiten konnte. Dann folgte das nächst podere – in Sichtweite, aber mit Abstand.

Mehrere poderi (manchmal vier oder fünf, manchmal mehr als dreißig) wurden zu einem Gut zusammengefaßt. In dessen Zentrum befand sich das große Gebäude der Fattoria. Hier wohnte der vom Besitzer eingesetzte Verwalter (fattore), hier standen auch die Ölmühle, die Weinkelterei, die großen landwirtschaftlichen Maschinen. Im allgemeinen gehörte zur Fattoria eine herrschaftliche Villa, in welcher der Padrone einen Teil des Jahres verbrachte.

Das Mezzadria-System verbreitete sich im 14. und 15. Jahrhundert. Gegen Ende des 16. Jahrhunderts begann dann die Formung der Landschaft, so wie wir sie heute sehen. Florenz war von der Bühne der großen Geschichte abgetreten; es hatte auch seine wirtschaftliche Macht zum größeren Teil verloren. Aber in der Stadt befand sich noch beträchtliches Kapital. Dieses wurde nunmehr in der Landwirtschaft investiert. Das Stadtbürgertum entwickelte ein starkes Interesse an der Gestaltung des Landes. Dieser Prozeß zog sich bis ins 18. und 19. Jahrhundert hin. Mit der toskanischen Landschaft hat die Stadt Florenz – in jahrhundertelanger Arbeit – zum letzten Mal ein großes Kunstwerk geschaffen.

Heute ist das Kunstwerk vom Zerfall bedroht. Nach dem Zweiten Weltkrieg zerbrach das System der Mezzadria. Eine Landreform sollte das Land in das Eigentum der Bauern überführen; sie erreichte aber ihre Ziele nicht, denn in den fünfziger Jahren setzte, wie in vielen anderen Gegenden, auch hier die Landflucht ein. Ein selbständiges Bauerntum entwickelte sich kaum; der größere Teil der landwirtschaftlich nutzbaren Fläche wird heute von Großbetrieben mit angestellten Arbeitern bebaut.

Die Bauernhäuser wurden vielfach von ihren Bewohnern verlassen. Viele dienen jetzt als Ferienhäuser; andere aber, zumal in abgelegenen Gebieten, verfallen. Ehemals genutztes Land wurde aufgegeben; in der Toscana holt sich gegenwärtig der Wald viel von dem Land zurück, das ihm in Jahrhunderten der Kultivierung abgekämpft wurde. Wein- und Olivenanbau sind häufig an den Grenzen der Rentabilität; noch ist unklar, wie sich Landschaft und Landwirtschaft der Toscana vom großen Schlag des harten Winters 1985 – der die Ölbäume fast ausnahmslos schwer schädigte – erholen werden.

Aber immer noch entfaltet das toskanische Land seinen Reiz. Nur an wenigen Stellen ist es durch die unbedachte Häßlichkeit neuerer Siedlungen zerstört. Immer noch ist die toskanische Landschaft ein Kunstwerk und begeistert als solches – als *geformte Natur* – die Besucher.

Burgen und Berge des Chianti
Von Strada in Chianti nach Greve in Chianti

Wanderung durch das Wein- und Waldgebiet des Chianti südlich von Florenz. Wege durch Laub- und Pinienwälder, durch schmale Täler und auf dem Kamm der Hügelrücken, durch Weinberge und Olivengärten. Lange Strecken der Wanderung führen durch einsame, stille Gebiete. Man blickt auf burgartige Weingüter, passiert eine Reihe von charakteristischen toskanischen Bauernhöfen, verfallende Häuser, kleine Kapellen. Als Kontrast dazu, am Ausgangs- und Endpunkt, ›moderne‹ Architektur der Neubauten von Strada und Greve. Dies ist auch eine Wanderung durch die *Geschichte* toskanischer Landschaft, vom Mittelalter bis ins späte 20. Jahrhundert...

Wegbeschreibung

In Strada nimmt man die Via P. Togliatti, ein Sträßchen, welches gegenüber der Bank Monte dei Paschi di Siena im Ortszentrum abwärts führt. Nach 150 Metern wendet man sich in der ersten Kurve nach links in einen abwärts führenden Feldweg. Diesem folgt man, zunächst ab-, dann ansteigend, vorbei an einem Teich, bis man unmittelbar unterhalb eines Bauernhauses (Poggio ai Mandorli) auf einen Querweg trifft (35 min). Man geht links, bei der nächsten Abzweigung geradeaus (Wegweiser ›La Madonnina – Villa Franchi‹). Der Weg wird an beiden Seiten von Zypressenreihen gesäumt. Man passiert ein verlassenes Bauernhaus (rechter Hand) mit einem Teich.

Am Ende der Zypressenallee nimmt man an einer Kreuzung den Weg, welcher halblinks zwischen Weinstöcken verläuft, erreicht gleich darauf einen Wald und biegt in diesem nach wenigen Metern nach links ab. Der Weg führt im Wald abwärts; an einer Gabelung geht man links, gelangt bald darauf oberhalb eines verfallenen Hauses an den Waldrand (55 min). Man biegt nach rechts, geht zwischen Weinberg und Wald abwärts, steigt unter großen Schirmpinien ab, überquert einen kleinen Bach, geht am Bach entlang geradeaus und trifft schließlich auf eine Asphaltstraße (1:05 Std).

Auf der Straße nach rechts, über den Fluß Greve, nach links in eine kleinere Asphaltstraße (Wegweiser: San Casciano), vorbei an der Kelterei Castelli del Grevepesa, am Ende des Firmengeländes nach links in einen Fahrweg. Dieser steigt bald darauf an, erreicht eine Kirche (Sant' Angelo), passiert einige Bauernhäuser, steigt weitere 40 Minuten an und gelangt schließlich zu drei kurz nacheinander folgenden Häusern (2 Std). (Man folgt im Anstieg immer dem Hauptweg, läßt sich durch einige fast gleichgroße Quer- und Nebenwege nicht irritieren.)

Nach dem dritten Haus geht man an einer Gabelung nach links. Dieser Weg führt nach einem Kilometer bei einem Marienaltar zu einem Querweg. Man geht rechts. Gleich darauf eine Linkskurve des Weges (von rechts kommen hier zwei weitere Waldwege). Man verläßt in der Linkskurve den Fahrweg, geht geradeaus über einige Stufen in den Wald. Aufwärts auf einem Waldpfad, am Waldrand rechts halten (linker Hand Weinstöcke), dann durch eine Olivenpflanzung auf ein Haus zu. Von dem Haus auf Fahrweg zu einer ca. 50 Meter entfernten Wegkreuzung. (Links unterhalb wird ein Bauernhof sichtbar.) An der Kreuzung nach rechts ein Wegweiser ›Poggio‹; in Richtung, aus der man kommt, Wegweiser ›Villetta‹.

Man schlägt den Weg geradeaus (ohne Wegweiser) ein, in Richtung auf eine in einiger Entfernung sichtbare Kapelle (S. Martino in Valle). Man erreicht die Kapelle, biegt 100 Meter vor ihr nach rechts in einen abwärts führenden Weg, gelangt zu einem verlassenen Haus. Von hier abwärts zu einem weiteren verlassenen Haus. 200 Meter hinter diesem nimmt man an einer Gabelung den Weg, welcher nach rechts aufwärts in den Wald führt. Eine Viertelstunde im Wald und am Waldrand

Wanderung von Strada in Chianti nach Greve in Chianti

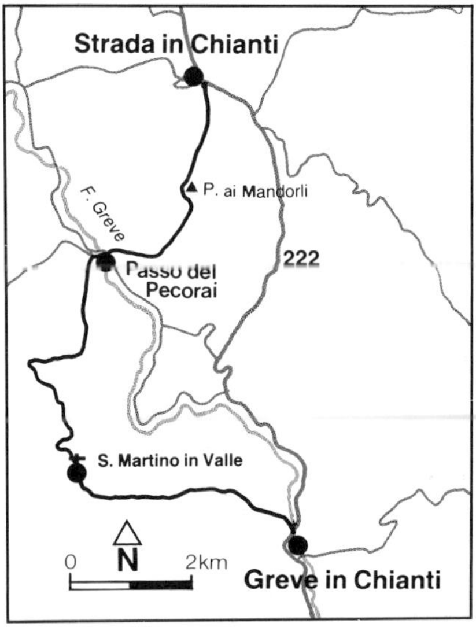

auf diesem Weg, mit Blicken auf die Monti Chianti und die Burgen Vicchiomaggio und Verrazzano. Man gelangt unterhalb eines Hauses zu einer Kreuzung, geht geradeaus weiter (Weinreben rechter Hand), kurz darauf an einer Gabelung nach rechts, betritt wiederum den Wald. Auf diesem Weg bis zu einer Wegkreuzung (rechts ein Tabernakel), man biegt nach rechts, erreicht das Castello Colognole (3:35 Std). Von hier auf einem Fahrweg Abstieg zum im Tal sichtbaren Greve (4:10 Std).

Um den Abstieg abwechslungsreicher zu gestalten, kann man hinter dem ersten Haus rechter Hand einen Weg nach rechts einschlagen und beim ersten Querweg nach links gehen. Kurz vor Greve gelangt man wieder auf den Fahrweg.

Wichtige Hinweise

Dauer: 4:10 Std.

Wegbeschaffenheit: bequeme Feld- und Waldwege; Fahrwege

Anstiege: ca. 400 m, verteilt auf mehrere kleinere und einen etwas längeren (ca. 45 min) Anstieg.

Schwierigkeitsgrad: mittel.

Orientierung: mittelschwer.

Restaurants in Strada und Greve. Hotel Da Verrazzano in Greve (3. Kat., ✆ 055/853189)

Busverbindungen: Florenz – Strada vormittags fünf Verbindungen; Fahrzeit 40 min; Greve – Florenz etwa stündlich; Fahrzeit 60 min; letzter Bus 18.50 Uhr.

Mit dem Pkw: Rückfahrt Greve – Strada mit Bus (ca. alle 90 min; Fahrzeit 20 min; letzter Bus 18.50 Uhr).

Am Wege

Castello di Verrazzano, um 1600 erbauter burgartiger Herrensitz. Geburtshaus des Seefahrers Giovanni da Verrazzano (geb. 1485), welcher die Ostküste Nordamerikas im Auftrag des französischen Königs François I. erforschte.

Greve, landwirtschaftliches Zentrum mit mittelalterlichem Urspung. Schöne Piazza mit Laubengängen und Denkmal des Giovanni da Verrazzano.

Bäume am Wege: der Ölbaum

Kaum ein anderes Gewächs erfüllt eine Landschaft so stark mit seinem Ausdruck wie der Ölbaum. Sein grün-silbriges Schimmern, in allen Jahreszeiten gleichbleibend und nur mit den Lichtverhältnissen wechselnd, gibt ganzen Landstrichen ihre dominierende Farbtönung. Die knorrigen, mit größerem Alter immer bizarrer werdenden Formen von Baumstamm und Ästen wirken wie beseelte Skulpturen einfallsreicher Holzschnitzer. Der Ölbaum steht kaum je allein; er erscheint in Gruppen; und dennoch zeigt jedes der Exemplare seinen eigenen ausgeprägten Charakter – seine ›Individualität‹.

Von jeher ist der Ölbaum als ein besonderer, bei vielen Völkern sogar als ein heiliger Baum gesehen worden. Das hängt gewiß mit den vielfältigen Verwendungsmöglichkeiten des Olivenöls – von denen gleich die Rede sein wird – zusammen; es mag aber durchaus auch in der charakteristischen äußeren Erscheinung des Baums begründet sein. Ein Ölbaumzweig verkündete Noah das Ende der Sintflut. Die olympischen Sieger wurden mit Olivenzweigen bekränzt. Die jüdischen Könige wie die des christlichen Mittelalters wurden mit Öl gesalbt. Den Griechen schenkte Athena den Ölbaum; er stand unter ihrem Schutz.

Wo der Ölbaum wächst, fühlen wir Nordländer uns im Süden: in der Toscana (aber nicht in der Po-Ebene), in der Provence (aber nicht im Burgund). Das Auftauchen des Ölbaums bezeichnet eine kulturelle Grenze, einen Wechsel der Ernährungsgewohnheiten und des Lebensstils. Victor Hehn hat treffend zwischen »Bier- und Butterländern« und »Wein- und Öländern« unterschieden. (Groß sind die Wein- und Butter-Zwischenzonen, von Süddeutschland bis nach Oberitalien. Erst bei Florenz beginnt das eigentliche Öl-Land.)

Die Bedeutung des Olivenöls war in früheren Zeiten viel größer als heute. Es diente nicht nur der Ernährung. Man tränkte mit ihm den Docht der Lampen. Die alten Griechen verwendeten es an Stelle der Seife. Vor allem aber – und das ist vielleicht sein ursprünglicher Gebrauch – salbte man mit ihm den Körper. Der römische Naturforscher Plinius schrieb: »Zwei Flüssigkeiten sind es, die dem menschlichen Körper angenehm sind, innerlich der Wein, äußerlich das Öl, beide von Bäumen kommend, aber das Öl etwas Notwendiges.« Als Rezept für Langlebigkeit und Gesundheit empfahl der Philosoph Demokrit »innerlich Honig, äußerlich Öl«. (Er wurde über hundert Jahre alt.) In Homers Ilias wird erzählt, wie Hera den Zeus verführen will. Sie salbt ihren »reizenden Wuchs mit lauterem Öle«, welches »Erde sogleich und Himmel mit Wohlgerüchen umhauchte«.

Der Ölbaum blüht – mit kleinen, unscheinbaren Blüten – im Mai; die Früchte werden im Winter – in Mittelitalien im November und Dezember – geerntet. Zur Ernte legen die Bauern Netze oder Tücher unter die Bäume, streichen dann mit Kämmen durch die Zweige, so daß die Oliven zur Erde fallen. (Ein früher sehr gebräuchliches Verfahren, nämlich mit Stangen auf die Äste zu schlagen, schadet Früchten und Baum.) Das Öl wird in Ölmühlen gepreßt; nach der ersten Pressung, welche das beste Öl ergibt, bleibt eine feste, dem Weintrester vergleichbare Masse zurück. Preßt man diese nochmals, so erhält man das minderwertige Öl zweiter Pressung.

Die Qualität des Olivenöls ist je nach Lage, klimatischen Bedingungen, Ernte- und Verarbeitungsverfahren sehr unterschiedlich. Als eines der besten gilt generell das toskanische, darunter insbesondere dasjenige von Lucca. Die toskanischen Ölbaumkulturen sind aber – mehr als die aller anderen Zonen Italiens – durch die großen Fröste des Winters 1985 geschädigt worden. Der Ölbaum verträgt nur milde Frostgrade; bei Temperaturen von – 20 Grad stirbt er ab. Die erfrorenen Bäume müssen bis zum Erdboden zurückgeschnitten werden, wachsen dann neu; aber es dauert jahrelang, bis sie wieder Frucht tragen. Noch lassen sich die Folgen für die toskanische Landwirtschaft und die toskanische Landschaft nicht abschätzen; doch es steht zu befürchten, daß viele Bauern die ertraglosen Jahre nicht überstehen können und daß manche Ölbaumhaine für immer verschwinden werden.

Ölbäume brauchen nach der Pflanzung viele Jahre, bis sie erstmalig Frucht tragen. Sie werden Hunderte von Jahren alt. Immer wieder haben gesetzliche Vorschriften verboten, sie zu fällen; in Kriegen sollten sie – die Symbole des Friedens – geschont werden. Auch im heutigen Italien dürfen Ölbäume, selbst vom Besitzer, nicht ohne Genehmigung gefällt werden.

Der Weg der schönen Türme
Bei San Gimignano

Mit Recht gehört San Gimignano zu den beliebtesten Zielen Mittelitaliens. Die ›Stadt der schönen Türme‹ ist nicht nur wegen dieser Türme einzigartig (Farbt. 4); sie bietet wie kein anderer Ort das Bild einer toskanischen Stadt des 13. und 14. Jahrhunderts. Die sie umgebende Landschaft entspricht allen Erwartungen der Toscana-Reisenden: sanft gewellte Hügelketten, das Silbergrau der Ölbäume, Zypressenreihen und Gehöfte, Weinberge, zart verschwimmende Farben.

Der hier beschriebene Rundweg führt in diese Landschaft. Er erlaubt einen knapp zweistündigen Spaziergang in der Umgebung von San Gimignano. Der Ort bleibt fast während der gesamten Dauer der kleinen Wanderung sichtbar. Die Silhouette der Türme begleitet den Spaziergänger auf dem Weg. Der Ausflug verläuft auf bequemer Strecke, mit nur kleinen Anstiegen; er bietet keinerlei Schwierigkeiten.

Wegbeschreibung

(Karte s. S. 39)
Von der Piazza della Cisterna im Zentrum San Gimignanos verläßt man den Ort auf der Via San Giovanni in südlicher Richtung. Durch das südliche Stadttor, dann 150 Meter weiter auf der Asphaltstraße, bis diese nach rechts biegt. Hier steigt man nach links ein Treppchen hinab, geht auf einem Fahrweg in östlicher Richtung weiter abwärts. An einigen neueren Häusern vorbei; bald werden links die Türme von San Gimignano sichtbar; rechts blickt man auf das Kloster von Monte Oliveto. Man folgt, immer leicht absteigend, dem Weg bis zu einer Asphaltstraße (35 min), wendet sich auf dieser nach links. 200 Meter auf der Straße, welche eine Rechtskurve beschreibt; hinter der Kurve biegt man nach links in einen ansteigenden Fahrweg. Man läßt sich nicht irritieren durch verschiedene Schilder ›Divieto di caccia‹: sie verbieten nur das Jagen, nicht das Spazierengehen. Anstieg zu einem Bauernhaus. Eine große Aufschrift ›Attenti al cane‹ (›Achtung vor dem Hunde‹) warnt vor dem Betreten eines oberhalb gelegenen Villengeländes, bezieht sich nicht auf unseren Weg.

Unmittelbar hinter dem Bauernhaus (45 min) biegt man vom Hauptweg – welcher sich nach rechts wendet – ab, geht nach links in einen Feldweg. Auf diesem oberhalb von Weinbergen bis zu einem breiten Fahrweg (55 min); auf dem Fahrweg nach links. Man folgt dem Weg auf dem Kamm eines langgestreckten Hügelzugs; sehr schöne Blicke nach links auf San Gimignano, nach rechts auf eine Reihe von hintereinander gelagerten Hügelketten.

Den Fahrweg entlang bis zu einer Asphaltstraße (1:30 Std.). Auf dieser nach links Richtung San Gimignano. Einen Kilometer auf der Straße (weiterhin schöne Blicke) bis zur Straße San Gimignano – Certaldo. Man überquert diese, steigt in kleinerem Sträßchen aufwärts und erreicht – nach einer Linkskurve und einigen Treppenstufen – den Ortskern von San Gimignano bei der Porta San Matteo. Wenige Minuten bis zur Piazza (1:50 Std.).

Wichtige Hinweise

Dauer: knapp zwei Std.
Wegbeschaffenheit: bequeme, breite Fahrwege; 15 min auf Asphaltstraße.
Anstiege: ca. 100 m
Schwierigkeitsgrad: leicht.

◁ *San Gimignano*

Orientierung: einfach.
Restaurants und Hotels in San Gimignano.
Hotels:
La Cisterna, 2. Kat., ✆ 0577/940328,
Bel Soggiorno, 2. Kat., ✆ 940375,
Leon Bianco, 2. Kat., ✆ 941294,
Il Pino, 4. Kat., ✆ 940415;
Unterkunft auch im Kloster S. Agostino möglich.
Busverbindungen: Florenz – San Gimignano: alle ein bis zwei Stunden (Umsteigen in Poggibonsi); Fahrzeit ca. 1:15 Std. (Schnellbus) bzw. ca. 2 Std. Rückfahrt entsprechend. Letzter Bus ab San Gimignano 20.10 Uhr;
Siena – San Gimignano: ebenfalls ein- bis zweistündig mit Umsteigen in Poggibonsi; Fahrzeit ca. 1:15 Std. Letzter Bus für Rückfahrt 20.10 Uhr.

Am Wege

San Gimignano, hervorragend erhaltene Stadt des 13./14. Jahrhunderts, geprägt durch die berühmten *Geschlechtertürme,* welche den reichen Familien der Stadt als Prestige- und Verteidigungsbauten dienten. Einstmals standen in dem Ort 72 dieser Türme; 14 von ihnen sind noch erhalten (Farbt. 4).

Die *Piazza della Cisterna* mit einem Brunnen von 1273 ist das ehemalige Handelszentrum der Stadt. Schöne Häuser des 13. und 14. Jahrhunderts.

An der angrenzenden *Piazza del Duomo* die Rathäuser *Palazzo del Podestà* (gegenüber der Kirche; ehemals Sitz des Bürgermeisters, mit Gerichtshalle) und *Palazzo del Popolo* (links von der Kirche; Sitz der verschiedenen städtischen Ratsversammlungen; schöner Innenhof; im Innern *Pinakothek*).

Pfarrkirche(Collegiata), im 12. Jahrhundert in romanischen Formen erbaut, im 15. Jh. erweitert und verändert. Zahlreiche Fresken. An der linken Wand ›Szenen des Alten Testaments‹ von *Bartolo di Fredi* (1367). Bemerkenswert die Paradiesszenen in der obersten Reihe mit dem schönen Paradiesgarten; die Arche Noah mit den zahlreichen unterhaltsamen Tierpaaren, von denen der Maler einige wohl nach Beschreibungen gemalt hat, ohne sie je gesehen zu haben; der Gang durchs Rote Meer mit den stocksteifen Leichen der Ertrunkenen; die ›Schande Noahs‹, welcher sich nach übermäßigem Weingenuß entblößt, mit großem Freimut gemalt; die drei Szenen aus der Geschichte Hiobs (man betrachte das Teufelchen, welches jeweils in der linken oberen Bildecke mit Gottvater spricht). An der rechten Wand dramatische und farbintensive ›Szenen des Neuen Testaments‹ von *Barna da Siena* (um 1350), u. a. interessante Darstellungen des Einzugs in Jerusalem, der schlafenden Jünger in Gethsemane, des Judaskusses, der Kreuztragung und der Kreuzigung. Am Ende des rechten Seitenschiffs Kapelle der hl. Fina – der Stadtheiligen von S. Gimignano – von Giuliano und Benedetto da Maiano (1468), mit Fresken ›Leben und Tod der hl. Fina‹ von *Domenico Ghirlandajo* (1475).

An der Eingangswand Fresko ›Martyrium des hl. Sebastian‹ von *Benozzo Gozzoli* (1465) mit schönen Bäumen und vielen anmutigen

In San Gimignano

Renaissance-Gestalten. Links und rechts oberhalb des Sebastian-Freskos ›Darstellungen der Hölle und des Paradieses‹ von *Taddeo di Bartolo* (1393) mit drastischer Schilderung der Höllenstrafen.

Links von der Kirche schöner *Hof*. Verkündigungs-Fresko von Domenico Ghirlandajo (1482). Eingang zum *Rathausturm*, dem höchsten Turm des Ortes (Besteigung möglich).

In der Nähe der Porta San Matteo (nördlicher Rand der Altstadt) romanisch-gotische Kirche *Sant'Agostino* (Ende 13. Jh.). Im Chor Freskenzyklus von Benozzo Gozzoli (1464/65) ›Leben des hl. Augustinus‹. Schöner Kreuzgang des 15. Jh.

Nahezu vollständig erhaltener mittelalterlicher Mauerring.

Schön ist der Blick auf den Ort von der *Rocca* (Wegweiser rechts von der Kirche) oberhalb des Ortszentrums.

Leonardos Weg

Bei Vinci

Ein Spaziergang, der von Vinci zu Leonardos Geburtshaus und wieder zurück in den Ort führt. »Das war Leonardos Weg«, versicherte die Kustodin der Casa di Leonardo, welche mir den Pfad zwischen Olivenbäumen beschrieb. Mit oder ohne Leonardo, der Weg liegt friedlich, beruhigend zwischen den Ölbäumen, mit dem gelegentlichen Blick auf die sich hintereinanderschiebenden und in der Ferne verschwimmenden Hügelketten jenseits des Arno und auf die klaren Konturen des Monte Pisano zwischen Lucca und Pisa. Die Toscana, »wie man sie sich vorstellt«. Kleiner Nachteil dieses Spaziergangs: Hin- und Rückweg sind identisch; einen Rundweg habe ich leider hier nicht gefunden.

Wegbeschreibung

Man verläßt Vinci auf der Straße Richtung Pistoia, in nördlicher Richtung. Bei den letzten Häusern des Ortskerns rechts an einem Haus zwei Schilder: ›Molino della Doccia di Vinci‹ und ›Via Cino da Pistoia‹. Kurz darauf biegt man nach rechts in ein vorbei an neueren Häusern aufwärts führendes Sträßchen. Der Asphalt hört gleich auf, der Weg beschreibt eine Rechtskurve. Nach hundert Metern, am Ende der Steigung, biegt man nach links. Man folgt diesem leicht ansteigenden Weg an einigen Häusern vorbei, trifft schließlich vor einem Haus auf eine Weggabelung. Man geht rechts an dem Haus vorbei, nimmt gleich darauf den ersten Weg nach links, folgt diesem ein kurzes Stück, bis oberhalb ein weiteres Haus sichtbar wird. Man geht ohne Weg durch einen Olivenhain auf dieses zu, rechts an ihm vorbei und gelangt auf einen Pfad, welcher in wenigen Minuten zur Casa di Leonardo führt (40 min). Zurück nach Vinci auf gleichem Weg.

Wichtige Hinweise

Dauer: 1:10 Std.
Wegbeschaffenheit: Feldwege, Pfade.
Anstieg: knapp 150 m.
Schwierigkeitsgrad: leicht.
Orientierung: einfach.
Restaurants und Hotels (Gina, 3. Kat., ✆ 0571/56057; Alexandra, 4. Kat., ✆ 0571/56227) in Vinci.

Verkehrsverbindungen: mit Zug von Florenz bis Empoli (Züge etwa alle 45 min; Fahrzeit 25–30 min), dann Bus nach Vinci (halbstündlich ab Bhf. Empoli; Fahrzeit ca. 20 min. Rückfahrt entsprechend).

Am Wege

Vinci, Geburtsort von Leonardo da Vinci (1452–1519), dem großen Künstler, Forscher, Denker der Renaissance. Leonardo, unehelicher Sohn eines Notars, verbrachte seine Kindheit vermutlich in dem Weiler Anchiano, an der Stelle, wo heute sein Geburtshaus gezeigt wird.

In der *Burg* von Vinci (12. Jh.) ein kleines *Leonardo-Museum* mit den Modellen zahlreicher von dem Künstler projektierter Maschinen. In der Burg befindet sich auch die Biblioteca Leonardiana, ein Leonardo-Forschungszentrum.

Leonardos Geburtshaus, ein einfaches Bauernhaus, bewahrt kleinere Erinnerungsstücke und Reproduktionen einiger seiner Werke. Der Überlieferung nach wurde Leonardos Mutter in diesem Haus versteckt, damit sie ihren unehelichen Sohn im Verborgenen gebären könne. Verbürgt ist weder diese Geschichte noch auch, daß es sich tatsächlich um das Geburtshaus handelt (Öffnungszeiten: 9.30–12 Uhr und 14.30–18 Uhr, außer mo).

Von Siena aus

Außerordentlich reizvoll und vielfältig ist die Umgebung Sienas. Im Norden der Stadt findet sich die ›typisch‹ toskanische Hügellandschaft mit ihren Zypressen, Öl- und Weinkulturen, den einzeln stehenden Bauernhöfen, der gartenartigen Bebauung des Landes, dazwischen aber auch ausgedehnte Waldgebiete. Die Wanderungen bei San Gimignano, Castellina und Gaiole in Chianti führen in diese Landschaft. Im Süden Sienas wird das Landschaftsbild herber und imposanter. Dunkle, bewaldete Gebiete im Südwesten der Stadt (Wanderung bei San Galgano); das Hügelmeer der merkwürdigen ›Crete‹ im Südosten (s. S. 73; Farbt. 2); schließlich die vielgestaltige, einsame Umgebung des Monte Amiata (Wanderung bei Montalcino).

Unter all diesen Gebieten läßt sich nur dasjenige der ›Crete‹ kaum auf einem Tagesausflug von Siena aus erwandern (vor allem wegen der ungünstigen Verkehrsverbindungen). Man sollte ihm bei Interesse zumindest zwei Tage widmen, kann dann den ersten Teil der Mehrtages-Wanderung Asciano – Pitigliano zurücklegen (s. S. 69ff.).

Busfahrten beginnen in Siena bei der Kirche San Domenico. Dort ist, im Büro der Busgesellschaft TRAIN, auch der Gesamtfahrplan (orario generale) erhältlich. Fahrkarten müssen außerhalb der Busse gekauft werden (sie sind in kleineren Orten zumeist in Bars erhältlich); am einfachsten ist es, vor der Abfahrt in Siena auch schon die Rückfahrkarten zu erwerben. – Die hier angegebenen Busverbindungen gelten nur für die Werktage, sonn- und feiertags fahren erheblich weniger Busse.

Alle Wanderungen dieses Abschnitts können problemlos auch vom Pkw aus durchgeführt werden; es bestehen immer Möglichkeiten, mit öffentlichen Verkehrsmitteln zum Ausgangspunkt zurückzukehren.

Außer den im folgenden beschriebenen Wegen ist auch der im Abschnitt ›Von Florenz aus‹ geschilderte Rundweg bei San Gimignano (s. S. 35 ff.) von Siena aus ohne Schwierigkeiten erreichbar.

Klassische Toscana
Von Colle di Val d'Elsa nach San Gimignano

Eine Wanderung in der meistbesuchten Landschaft der Toscana, mit Bildern und Blicken, »wie man sie sich vorstellt«: die Reihen der sanften Hügel (besonders schön im Abendlicht), die edlen Formen der Bauernhäuser, die lebendige Vegetation der Reben, des Ginsters, der Ölbäume und vor allem: die immer wechselnden Aussichten auf die Silhouette von San Gimignano, mit seinen allmählich sich nähernden Türmen über dem mittelalterlichen Ort. Diese Blicke sind so schön, daß man einige Nachteile des Weges in Kauf nehmen wird: das wenig interessante erste Wegstück, längere Strecken auf Asphaltstraßen.

Wegbeschreibung

Ausgangspunkt ist die Piazza Arnolfo in Colle di Val d'Elsa (Bushaltestelle). Man geht auf der Straße in Richtung Florenz. Einige Minuten nach dem Kilometerstein 67, kurz nach einer Brücke, biegt man nach links auf einen Fahrweg (15 min), überquert die Bahnlinie. Bei zwei Gabelungen bald darauf hält man sich jeweils links, folgt immer dem Hauptweg im Tal. Bei einer Gabelung (ca. 30 min) geht man rechts (weiter auf dem Hauptweg). Der Weg verläßt hier das Tal.

Gleich darauf zweigt ein Weg nach rechts ab; man geht hier weiter geradeaus. Der Weg steigt jetzt an. Kurz bevor er in das Gelände einer Villa führt, biegt man in einen schmaleren Weg nach rechts, folgt diesem – bald mit

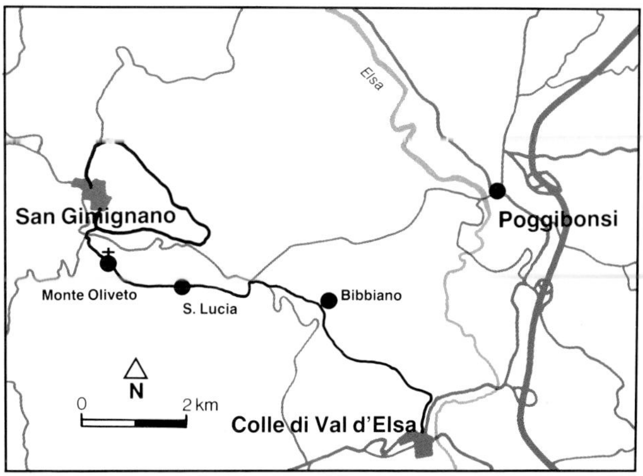

Wanderungen bei San Gimignano (Rundweg) und von Colle di Val d'Elsa nach San Gimignano

sehr schönen Blicken auf das Hügelland – immer geradeaus. Man passiert einige Häuser, gelangt schließlich (ca. 60 min.) oberhalb der Straße Colle di Val d'Elsa – San Gimignano zu einem Querweg, geht hier nach rechts, biegt ca. drei Minuten darauf (kurz vor dem Ortskern des Weilers Bibbiano) in einen nach links abwärts führenden Weg. Dieser Weg führt in wenigen Minuten zu einem Bauernhof; kurz bevor er das Anwesen erreicht, biegt man nach links in einen grasbewachsenen, zwischen Reben und Ölbäumen abwärts führenden Weg.

Zunächst über Felder, dann zwischen hohen Ginsterbüschen hinab zur Straße Colle di Val d'Elsa – San Gimignano (1:20 Std.). Auf dieser nach rechts, einige Minuten bis zu einer Straßenkreuzung (Bar), hier nach links (Richtung San Gimignano). Dreißig Meter nach der Kreuzung wendet man sich nach links in einen Fahrweg, biegt von diesem nach ca. 250 Metern in einen nach rechts ansteigenden Weg. Diesem immer aufwärts in westlicher Richtung folgen (bei einer Gabelung auf halber Höhe, bei einem Haus, geht man geradeaus, nimmt den rechten der beiden Wege) bis zum Dorf S. Lucia (2:10 Std.).

Von hier auf Asphaltsträßchen, mit sehr schönen Blicken, in Richtung San Gimignano. Man gelangt unterhalb des Ortes zur Straße Volterra – S. Gimignano, geht auf dieser nach rechts, überquert gleich darauf eine weitere Asphaltstraße, gelangt auf kleinem Sträßchen zum Ortskern (2:45 Std.).

Wichtige Hinweise

Dauer: 2:45 Std.

Wegbeschaffenheit: Feld- und Fahrwege; ca. eine Stunde auf – zum großen Teil kaum befahrenen – Asphaltstraßen.

Anstieg: ca. 200 m.

Schwierigkeitsgrad: ausgedehnter Spaziergang, kleine Anstiege.

Orientierung: im allgemeinen einfach, an zwei bis drei Stellen ist Aufmerksamkeit erforderlich.

Restaurants in Colle di Val d'Elsa und San Gimignano.

Hotels in S. Gimignano (s. S. 36) und Colle di Val d'Elsa (sechs Hotels der 2.–4. Kategorie).

Busverbindungen: Siena – Colle di Val d'Elsa alle 30 bis 60 Minuten, Fahrzeit ca. 30 min; Florenz – Colle etwa stündlich, Fahrzeit 60–90 min.
S. Gimignano – Siena bzw. Florenz: alle ein bis zwei Stunden (Umsteigen in Poggibonsi). Fahrzeit bis Siena ca. 1:15 Std., bis Florenz ca. 1:15 (Schnellbus) bzw. 2 Std. Letzter Bus ab San Gimignano 20.10 Uhr.

Mit dem Pkw: Rückfahrt nach Colle di Val d'Elsa mit Bus S. Gimignano – Siena (s. o., mit Umsteigen in Poggibonsi); Fahrzeit ca. 45 min.

Am Wege

San Gimignano, s. S. 36

Ginster, Wald und Wein
Von Castellina in Chianti nach Lucarelli

Der erste Teil der Wanderung verläuft auf einem ›Panoramaweg‹ mit weiten Blicken über das toskanische Hügelland. Später gelangt man in Wald, steigt in einem Tal abwärts, vorbei an einsam gelegenen Gehöften, erreicht schließlich das Dörfchen Lucarelli unterhalb ausgedehnter Weinberge. Abwechslungsreiche Landschaften und schöne Aussichten.

Wegbeschreibung

Man verläßt Castellina auf der Straße in Richtung Florenz. Am Ortsausgang zweigt in einer Rechtskurve der Straße nach links ein Fahrweg ab (Wegweiser: Tombe Etrusche); der Abstecher (10 min hin und zurück) zum Etruskergrab Monte Calvario ist empfehlenswert. Etwa 50 Meter nach der Abzweigung (einige Dutzend Meter vor dem Kilometerstein 43,1) biegt man bei einer großen Eiche von der Straße nach links, findet einen an einem Feld entlang abwärts führenden Pfad, schneidet mit seiner Hilfe eine große Kurve der Straße, gelangt wieder zur Straße, geht auf ihr nach links. Einige hundert Meter auf der Straße abwärts, über eine Brücke (ein Schild weist auf die Quellen der Arbia hin), kurz nach der Brücke beim Kilometerstein 42,2 in einen nach links ansteigenden Weg. Man steigt einige Minuten auf, trifft auf der Höhe einen von links kommenden breiteren Weg, folgt diesem nach rechts, in gleicher Richtung wie bisher gehend. Auf diesem Weg an einigen Häusern vorbei, bei zwei Abzweigungen jeweils geradeaus.

Man gelangt schließlich unterhalb des Ortes Pietrafitta zur Straße Siena – Florenz, überquert sie, steigt durch eine Zypressenallee nach Pietrafitta auf (55 min). Links an der Kirche des Ortes vorbei, dem Weg weiter nach Norden folgen. Etwa zehn Minuten nach dem Ort biegt man – in einer Rechtskurve des Weges – in einen kleineren, geradeaus weiterführenden Weg, steigt auf diesem gut fünf Minuten abwärts, bis rechter Hand ein verfallenes Haus auftaucht (1:10 Std.). Man biegt hier nach rechts, geht auf sehr schmalem, für ein kurzes Stück dornigem Pfad links an dem Haus vorbei, gelangt hinter dem Haus auf eine freie Fläche. Von dieser führt ein Waldweg nach rechts abwärts (etwa 100 m hinter dem Haus).

Man folgt diesem Weg – z. T. in Kurven – ins Tal, gelangt oberhalb einer Weinpflanzung schließlich zu einem Querweg, wendet sich auf diesem nach links, in Richtung auf das in 150 Meter Entfernung sichtbare Anwesen ›Scopo‹. Man passiert dieses Haus (1:30 Std.).

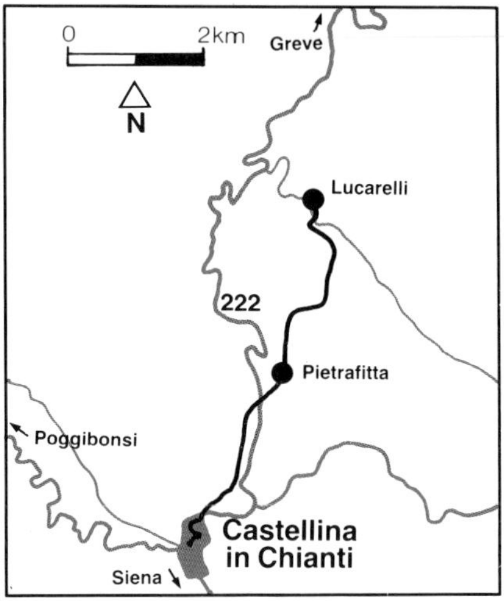

Wanderung von Castellina in Chianti nach Lucarelli

Auf Fahrweg weiter ins Tal, bis zu einem Querweg bei einer Brücke (1:45 Std.). Man geht geradeaus weiter, bleibt – für ein kurzes Stück querfeldein gehend – auf der linken Seite des Baches, geht zwischen Bach und einer Weinpflanzung in gleicher Richtung wie bisher.

Nach 200 Metern wendet man sich – am Rand der Weinpflanzung bleibend – nach links, geht parallel zum Fluß Pesa. Wenige Minuten später überquert man ihn, sich nach rechts wendend, auf einer Brücke, steigt dann auf einer Treppe an bis zur Straße, die man am Ortsrand von Lucarelli erreicht. Nach links in den Ort gehen, bis zur Bushaltestelle (2 Std.).

Wichtige Hinweise

Dauer: 2 Std.
Wegbeschaffenheit: Fahrweg, Waldwege; 50 m auf sehr schmalem, dornigem Pfad.
Anstiege: weniger als 100 m.
Schwierigkeitsgrad: leicht.
Orientierung: mittelschwer.
Restaurants in Castellina; Bar in Lucarelli.

Hotels in Castellina (s. S. 68).

Busverbindungen: Siena – Castellina 7.30, 11, 12.50, 14 Uhr, Fahrzeit 40 min; Lucarelli – Siena 15.10, 18.25 Uhr, Fahrzeit 70 min.

Mit dem Pkw: Rückfahrt Lucarelli – Castellina 15.10 oder 18.25 Uhr, Fahrzeit 30 min.

Am Wege

Castellina in Chianti, einer der wichtigsten Orte des Chiantigebiets, in schöner Lage über den Tälern der Arbia, Elsa und Pesa. Ortszentrum des 15./16. Jh., z.T. noch erhalten; *Burg* (heute Rathaus) aus dem 14./15. Jh., 1927 restauriert.

Etruskergrab Monte Calvario. Der große Grabhügel mit mehreren Grabkammern wurde vermutlich im 7. Jh. v.Chr. angelegt, wahrscheinlich für eine Aristokratenfamilie. Die Gräber wurden seit 1902 erforscht; sie enthielten verschiedene Grabbeigaben, welche sich heute im Archäologischen Museum Florenz befinden. Die vier Grabkammern sind fast genau nach den Himmelsrichtungen orientiert. Süd- und Westgrab weisen einen Dromos (Gang), ein längliches Vestibulum (Vorhalle), zwei Seitenkammern und einen Hauptraum auf. Im Nordgrab fehlen – bei ähnlichem Grundriß – die Seitenkammern, im (stark restaurierten) Ostgrab der Hauptraum.

Die Umgebung Sienas
Von Castellina in Chianti nach Siena

Eine lange Wanderung durch abwechslungsreiche, charakteristische toskanische Landschaft. Von Castellina in Chianti aus zunächst ein knapp halbstündiger Fußmarsch auf asphaltierter Straße mit sehr schönem Blick auf das wellige Hügelland. Man verläßt die Straße, kommt an einsam gelegenen Bauernhöfen vorbei in ein bewaldetes Gebiet, durchwandert ein kleines Flußtal. Der Weg führt dann durch offene, weit zu überblickende Landschaft in leichten Auf- und Abstiegen vorbei an Villen,

Bauernhöfen, kleinen Dörfern, dem Kastell von Basciano. Er endet am Stadtrand von Siena. Man kann die Wanderung um etwa anderthalb Stunden verkürzen, indem man nur bis Quercegrossa geht und von dort mit dem Bus nach Siena fährt.

Wegbeschreibung

(Karte s. S. 44)

Man verläßt Castellina in Chianti auf der Straße in Richtung Siena. Kurz vor einem auffälligen großen Gebäude rechter Hand biegt man nach rechts in die Straße nach Castellina Scalo

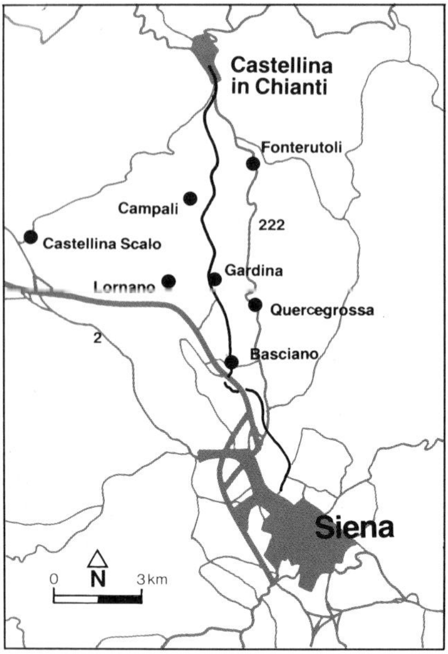

Wanderung von Castellina in Chianti nach Siena

(Wegweiser). Man geht auf dieser Straße, mit prächtigen Blicken auf das Hügelland im Westen, knapp zwanzig Minuten, biegt dann in einer Rechtskurve der Straße nach links in einen Fahrweg ab (Wegweiser ›Podere Casamonti‹, 25 min ab Ortszentrum Castellina). An einer Gabelung geht man links aufwärts, folgt dem neuerlichen Wegweiser ›Casamonti‹. Der Weg steigt an, senkt sich dann wieder; an einer Gabelung mit einer kleinen Kapelle (nach rechts Wegweiser ›Casamonti‹) geht man links. Der Weg senkt sich zwischen Ginster und kleinen Eichen; bei klarer Sicht Blick zum Vulkankegel des Monte Amiata, zum Paß von Radicofani an der Grenze zwischen der Toscana und Latium sowie – kurz bevor der Weg seinen tiefsten Punkt erreicht – auf die Türme von Siena.

Man durchschreitet ein Gatter, biegt dann – bevor der Weg wieder ansteigt – in einen nach links abzweigenden Weg (50 min). Dieser Weg führt an einem Bach entlang durch ein kleines Tal, überquert schließlich den Bach, steigt leicht an, erreicht ein eingezäuntes Grundstück, welches man – vom Hauptweg nach rechts abbiegend – durch ein Tor betritt. Man durchquert das Grundstück, verläßt es nach 150 Metern durch ein weiteres Tor und wendet sich nach rechts. (Wenn die Tore geschlossen sind, muß man das Grundstück – im letzten Stück etwas mühselig – am Zaun entlang umgehen.)

Der Weg senkt sich, verläuft dann eben auf der linken Talseite, steigt schließlich nach links an. Man erreicht einen Fahrweg (1:10 Std.), wendet sich auf ihm nach rechts abwärts. Nach knapp 1:20 Std. eine Gabelung (links Wegweiser ›Caggio‹), man geht rechts. Zwanzig Meter darauf eine weitere Gabelung; man geht links. Gleich darauf Abzweigung eines Wegs nach rechts (rot markiert); man geht hier geradeaus. Eine weitere Gabelung; man kann jeden der beiden Wege einschlagen, da sie nach hundert Metern wieder zusammentreffen. Noch eine Gabelung; man geht rechts. Ca. 400 Meter weiter ein verlassenes Gehöft (1:35 Std.); vor diesem biegt man nach rechts, folgt 250 Meter unterhalb dem Weg nach links. Ein breiter Fahrweg (1:45 Std.); man wendet sich nach links.

Man folgt dem Fahrweg, welcher zu einem Bach absteigt, dann wieder ansteigt, geht bei zwei Kreuzungen jeweils geradeaus. 150 Meter nach der zweiten Kreuzung (Wegweiser ›San Leonino‹, ›I Cipressi‹, ›Campalli‹, ›Quornia‹, ›Siena‹) biegt man nach rechts in einen Weg, der auf eine neuere Villa zuführt (2:15 Std.). (*Variante:* Hier geradeaus gehend – anstatt zur Villa abzubiegen – erreicht man in ca. 30 min die Strada Chiantigiana, geht auf dieser nach rechts und gelangt nach Quercegrossa.)

Vor der Villa biegt man nach links, geht zwischen Weinbergen, den Ort Quercegrossa vor Augen. Der Weg biegt nach rechts, steigt zwischen Olivenbäumen leicht an; schöne Blicke auf die weite Landschaft mit Bauernhäusern zwischen Zypressengruppen, Weinbergen, Feldern, bewaldeten Hügeln. Der Weg gabelt sich (zunächst laufen beide Wege parallel weiter); man nimmt den rechten Weg, folgt ihm geradeaus (während der linke Weg nach links abbiegt). Man gelangt, in südlicher Richtung gehend, auf einen Fahrweg, auf diesem bis zu der Häusergruppe von Gardina (2:35 Std.), geht geradeaus weiter.

Bald nach Gardina ein Querweg, man wendet sich nach links, passiert nacheinander zwei Bauernhäuser, erreicht das Anwesen La Staggia (3 Std.). Links an den Häusern vorbei, einige Meter auf Fahrweg aufwärts. Unmittelbar hinter dem letzten Wohngebäude biegt man nach rechts in einen zunächst kaum erkennbaren Weg, geht auf diesem in Richtung auf das – in der Höhe sichtbare – Kastell von Basciano. Man überquert nach wenigen Minuten einen Bach, durchschreitet ein Gatter, steigt allmählich an. Der Pfad – zwischen Gebüsch und Feld – ist teilweise zugewachsen; man hält sich am Rand des Feldes, passiert ein weiteres Gatter, kommt auf breiterem Weg zu einer Asphaltstraße, auf der man nach rechts biegt.

Unterhalb von Basciano eine Gabelung; man geht links aufwärts, gelangt zu einer Kreuzung im Ort, biegt hier nach links auf einen Fahrweg, verläßt den Ort. Der Weg beschreibt eine Linkskurve, führt unter einigen Zypressen abwärts. Dann eine Rechtskurve bei einer Quelle. In einer Unterführung unter der Schnellstraße Florenz – Siena hindurch. Gleich darauf zwei Gabelungen; man geht geradeaus weiter. Der Weg wendet sich nach links, führt zu einer weiteren Unterführung (unter der Bahnlinie). Man geht *nicht* durch diese Unterführung, sondern geradeaus weiter, an einem Bauernhaus vorbei aufwärts. Sobald man die Höhe der Bahnlinie erreicht, biegt der Weg nach links. Neuerlich unter der Schnellstraße hindurch. Anstieg in einem Wäldchen; an einigen Gehöften vorbei zum Weiler Vignaglia.

Man erreicht bald darauf die Straße Florenz – Siena (4:05 Std.), wendet sich auf ihr nach rechts. Einige hundert Meter auf der Hauptstraße, dann nach links in die Straße nach Vagliagli (Wegweiser); bald darauf nach rechts in einen Fahrweg Richtung La Torre alle Tolfe und Il Castagno (Wegweiser). Nach links schöne Blicke auf Felder, Weinberge, Wald, Hügellandschaft; nach rechts die Vorstädte von Siena, häßliche Hochhäuser.

Bald tauchen hinter Baukränen und Rohbauten (Frühjahr 1985) Turm und Kuppel des Doms von Siena auf. Eine Kreuzung (4:40 Std.); man wendet sich nach rechts. Kurz darauf Ortschild ›Siena‹; man gelangt bei einigen Neubauten zu einer Asphaltstraße (4:45 Std.). Ab hier verkehren halbstündlich Busse in die Stadtmitte. (Fahrkarten sind im Bus nicht erhältlich, müssen im Tabakgeschäft in der zweiten nach links abzweigenden Straße – Via Giuseppe di Vittorio – gekauft werden.)

Wichtige Hinweise

Dauer: 4:45 Std. (Variante bis Quercegrossa 3 Std.).

Wegbeschaffenheit: zunächst 25 min Asphaltstraße, dann meist Fahrwege, gelegentlich schmalere Pfade.

Anstiege: insgesamt ca. 200 m.

Schwierigkeitsgrad: keine besonderen Schwierigkeiten, außer der langen *Dauer* der Wanderung.

Orientierung: mittelschwer.

Restaurants in Castellina und in Siena.

Hotels in Castellina (s. S. 68) und in Siena.

Busverbindungen: Siena – Castellina 7.30, 11, 12.50, 14 Uhr; Fahrzeit 40 min; Quercegrossa – Siena 14.30, 16, 19.15 Uhr; Fahrzeit 20 min.

Am Wege

Castellina in Chianti, s. S. 42

Im Dunst verschwimmende Hügelketten, einzeln stehende Bauernhäuser, die Silhouetten der Bäume – die Harmonie toskanischer Landschaft ▷

Im Reich des ›Gallo Nero‹
Bei Gaiole in Chianti

Dieser Rundweg bei Gaiole, einem der Orte des ›klassischen‹ Chianti-Gebiets, führt vorbei an Weinbergen und Wäldern zur romanischen Abteikirche Badia a Coltibuono. Man genießt von dort schöne Blicke auf das Arno-Tal und die Berge des Pratomagno, wandert durch Wald und Ginstergebüsch auf angenehmem Weg zurück zum Ausgangspunkt.

Wegbeschreibung

Von der Piazza in Gaiole (Bushaltestelle) geht man 150 Meter in nördlicher Richtung, biegt dann nach rechts in die Via Baccio Bandollini da Gaiole. Bei einer Gabelung geht man nach links (Wegweiser: Riecine, Gittori); kurz danach hört die Asphaltierung auf. Auf Fahrweg weiter, zunächst durch Eichenwald, dann durch Weinberge. Bei einer Gabelung (nach rechts Wegweiser: Gittori) hält man sich links. Immer auf dem Fahrweg weiter. Nach 25 Minuten Abzweigung nach Riecine (Wegweiser); hier weiter geradeaus. Man gelangt zur Straße Gaiole – Montevarchi (55 min), geht auf ihr nach rechts. Bei einer Abzweigung kurz darauf nach links und gleich wieder nach rechts (Wegweiser: Badia a Coltibuono). Auf der Asphaltstraße erreicht man die Kirche (1:10 Std.).

Wanderung bei Gaiole in Chianti

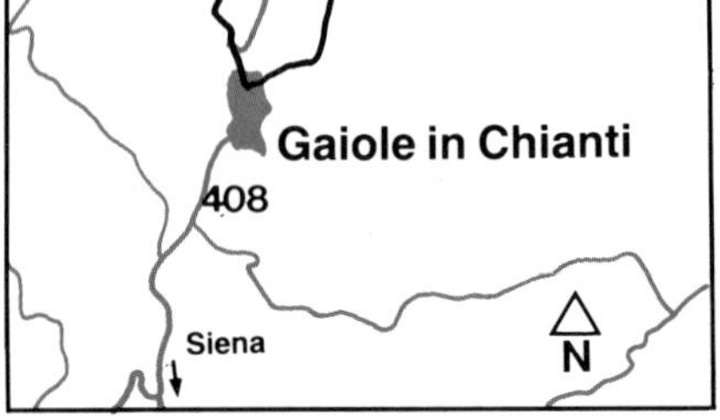

Vor dem neben der Kirche liegenden Restaurant geht man nach links, aufwärts an dem Lokal vorbei. Kurz darauf bei einer Gabelung nach links, auf schönem Waldweg aufwärts. Bei einem Querweg links, bei einer gleich darauf folgenden Abzweigung geradeaus, zur Straße nach Radda (1:25 Std.). Auf der Straße nach rechts. 600 Meter auf der Straße, dann – kurz nach dem Kilometerstein 2,3 – nach links in einen Waldweg. Bei einer Gabelung nach gut fünf Minuten auf diesem Weg hält man sich links.

Der Weg wird schmaler; bald wird das Tal von Gaiole sichtbar. Allmählich abwärts bis zu einem breiteren Querweg; auf diesem nach links. Nach wenigen Minuten auf diesem Weg biegt man – in einer Rechtskurve des Weges – nach links in einen bewachsenen Weg (wenn man die Abzweigung verpaßt, gelangt man nach 30 Metern zum Rand eines Weinbergs oberhalb eines verlassenen Hauses). Auf dem Weg an einem Weinberg entlang; am unteren Rand des Weinbergs findet man einen nach links hinab führenden Pfad, dem man zwischen Ginsterbüschen und kleinen Eichen bis zur Straße (2:20 Std.) folgt. Auf der Straße nach rechts gehend, erreicht man Gaiole (2:35 Std.).

Wichtige Hinweise

Dauer: gut 2:30 Std.
Wegbeschaffenheit: Fahrwege, Waldwege, Pfade; ca. 2,5 km Asphaltstraße.
Anstiege: ca. 300 m.
Schwierigkeitsgrad: mittel (längerer Anstieg im ersten Teil)

Orientierung: bis Badia a Coltibuono leicht, im zweiten Teil gelegentlich Aufmerksamkeit erforderlich.
Restaurants in Gaiole und bei der Badia a Coltibuono.
Hotels in Gaiole (Cavarchione, 2. Kat., ✆ 0577/749550; Foresteria di Spaltenna, 2. Kat., 0577/749483)
Busverbindungen: Busse ab Siena 7.10, 12.40 Uhr; Rückfahrt ab Gaiole 13.55, 15.05, 17.40 Uhr (außer sa); Fahrzeit ca. eine Stunde.

Am Wege

Badia a Coltibuono, romanische Abteikirche (vielfach restauriert) mit schönem Glockenturm des 12./13. Jh.

Chianti-Landschaft und Chianti-Wein

Chianti – wohl kein anderer Landschaftsname ist so von Gedanken an den Wein geprägt. Chianti – das ist Rotwein in bauchigen Flaschen. Und so wundert sich der Wanderer, wenn er feststellt, daß nur der kleinere Teil der Chianti-Region mit Weinbergen bestellt ist, daß große Teile dieser Landschaft von Wald bedeckt sind (fast genau ein Drittel der Oberfläche), daß die Monti Chianti fast 900 Meter Höhe erreichen. Dieses Gebiet ist vielgestaltig, keineswegs mit Wein-Monokulturen bepflanzt.

Die Chianti-Region erstreckt sich vom Arno-Tal im Norden und Osten bis zum Flußlauf des Ombrone im Süden; im Westen bezeichnet die Schnellstraße Florenz – Siena in etwa ihre Grenze. Immer hat es Streit um ihre Abgrenzung gegeben, denn viele Gemeinden wollten den berühmten Namen für ihre Erzeugnisse verwenden. Noch heute herrscht Konfusion. Als ›Chianti classico‹ darf nur der Wein aus dem eigentlichen Chianti-Gebiet firmieren; daneben aber gibt es den ›Chiantiputto‹, den ›Chianti dei colli aretini‹ und verschiedene andere Chiantis, die legal diese Namen tragen, ohne doch aus der geographischen Chianti-Region zu stammen. Ihr Titel ist juristischer Natur. Etwa vergleichbar wäre es, wenn schwäbische und badische Brauereien ihr Bier zwar nicht als ›klassisch bayrisches‹, aber doch als ›bayrisches Bier‹ verkaufen dürften ...

Die toskanischen Weine haben seit dem Mittelalter Hochs und Tiefs erlebt. In der feinen Gesellschaft zog man ihnen seit dem 16. Jahrhundert die französischen Weine vor. Dennoch erreichten sie Exporterfolge. 1730 eröffnete beispielsweise ein gewisser Filippo Mazzei in der Londoner Bond Street ein Weingeschäft, in welchem er Chianti-Weine verkaufte. (Später zog dieser unternehmungslustige Mann nach Amerika und begann dort, mit einigen toskanischen Bauern und einigen Weinstöcken, die Produktion amerikanischen ›Chiantis‹.)

Entscheidend für die Entwicklung des Weins waren die Experimente, welche der Baron und spätere Minister Ricasoli zwischen 1834 und 1837 durchführte. Ricasoli fand eine Formel, welche fortan die Zusammensetzung bestimmen sollte. Geschmacklich (und für die Haltbarkeit auf dem Transport) war es nach den Ergebnissen des Barons am günstigsten, die Rebsorten der Region in folgender Weise

Im Chianti-Gebiet

miteinander zu mischen: 70 % Sangiovese und 15 % Canaiolo (rote Trauben), je 10 % Trebbiano und Malvasia (weiße Trauben), 5 % wechselnde andere Trauben, welche Färbung und Geschmack abrunden sollten. Diese Zusammensetzung war nicht komplizierter als die bis dahin üblichen Verfahren (im Chianti-Gebiet wurden etwa fünfundzwanzig verschiedene Traubensorten angebaut), sie war nur besser durchdacht. Sie sollte je nach der Qualität des Bodens (und dem danach wechselnden Geschmack der Weine) auch innerhalb des Chianti-Gebiets selbst variieren.

Ricasolis Formel hat noch heute Gültigkeit; allerdings sind die gesetzlichen Vorschriften so vage (unter anderem darf 15 % aus anderen Gegenden stammender Wein zugesetzt werden), daß es völlig vom Können und der Gewissenhaftigkeit des Kellermeisters abhängt, ob ein ›Chianti‹ wirklich ein ›Chianti‹ wird.

Die Geschichte der letzten hundert Jahre ist vor allem durch den Kampf um den Schutz des Markenzeichens bestimmt. Unter dem berühmten Namen wurden aus Italien alle möglichen Rotweine exportiert. Eine gesetzliche Regelung kam nicht zustande. So schlossen sich 1924 die Gemeinden der Chianti-Region zum ›Consorzio del Gallo Nero‹ (›Vereinigung des schwarzen Hahns‹) zusammen. Ein schwarzer Hahn auf goldenem Grund kennzeichnet noch heute ihre (›klassischen‹) Weine. Aber da durch die Herkunftsbezeichnung die Qualität keineswegs garantiert ist, haben sich mittlerweile einige der bedeutendsten Kellereien des Gallo-Nero-Gebiets aus dem Konsortium zurückgezogen, um ihre Weine ausschließlich unter dem Firmennamen (Ricasoli, Antinori, Ruffino) zu verkaufen.

In den Chianti-Hügeln wächst nicht nur Wein. Der Wald nimmt viel Raum ein. Er besteht vor allem aus Eichen und Steineichen; im Unterholz wachsen unter anderem Ginster, Wacholder, Farne, Myrte, Baumheide. Eine reiche Tierwelt belebte einstmals das Gebiet, aber wenig ist von ihr geblieben. Hirsch, Bär und Wolf sind gänzlich ausgestorben, die Anzahl von Rehen, Hasen, Wildkaninchen ist stark verringert. Fast verschwunden ist das Eichhörnchen. Stachelschwein (oft findet man die schwarzweißen Stacheln), Igel und Dachs werden von der einheimischen Bevölkerung gern verzehrt, haben daher kein leichtes Leben. In ständiger Vermehrung sind – wie in vielen Regionen Italiens – die Wildschweine begriffen, welche – sehr zum Ärger der Bauern – sich ausgiebig an Weintrauben und Getreide gütlich tun. Verschwunden aber sind die meisten Raubvögel und viele andere Vogelarten.

Eine traurige Bilanz. Neben den Techniken der modernen Landwirtschaft, welche den Lebensraum vieler Tiere einschränken, hat zu ihr die verbreitete Sitte der Jagd als ›Männervergnügen‹ beigetragen. In der Toscana sind 300000 Jäger registriert; hier – wie in ganz Italien – kann jeder in der Jagdzeit nahezu jagen, wie er will. Man geht zur Jagd wie zum Sonntagsausflug; der Gedanke, daß der Jäger auch ›Heger‹ sein müsse, ist dem durchschnittlichen Jäger fremd. Naturschutzgebiete werden von der Jagdlobby erbittert bekämpft; bei einer Volksabstimmung vor einigen Jahren wurden die geltenden Jagdgesetze von der Mehrheit der Bevölkerung befürwortet. Aber die Opposition gegen diese und andere Formen des unkontrollierten Umgangs mit der Natur wird auch in Italien stärker. Ökologische Gruppen haben sich gebildet; große Zeitschriften helfen, ein Umweltbewußtsein zu entwickeln. Vielleicht entsteht eines Tages der ›Naturschutzpark des Chianti‹, den örtliche Ökologie-Gruppen befürworten – so wie schon der Vico-See (s. S. 162f.) und die Treia-Schluchten (s. S. 149) unter Schutz gestellt worden sind.

Gotische Ruinen, unbekannte Romanik
Von Chiusdino nach San Galgano

Die verfallene Zisterzienserabtei von San Galgano und die in unmittelbarer Nähe gelegene gleichnamige romanische Kirche zählen zu den verborgenen Kunstwerken der Toscana. Dreißig Kilometer von Siena entfernt liegen sie in einem weiten einsamen Tal, von bewaldeten Hängen umgeben. Wie ein Monument der Vergänglichkeit erheben sich die großen Mauern der ehemaligen Zisterzienserkirche aus der Landschaft. Das Dach der Kirche ist eingestürzt, der Boden von Gras überwuchert. Der gewaltige Innenraum mit seinen Säulen und gotischen Fenstern, in welchen das Licht von oben ungehindert einströmt, erinnert eher an einen Tempel als an eine Kathedrale.

Ungewöhnlich wirkt auch das nahegelegene romanische Oratorium. Der kleine Rundbau wurde als Grabkirche für den heiligen Einsiedler Galgano Guidotti, der hier 1181 gestorben war, gebaut. Der Kirchenbau ist von Formen der etruskischen und römischen Grabarchitektur beeinflußt.

Die Wanderung führt durch Hügelland von Chiusdino zu den Kirchen, durch eine Landschaft, welche kaum ins bekannte Toscana-Bild paßt, dunkler und ein wenig herber, geheimnisvoll und vielleicht auch ›romantisch‹ wirkt. Ölbäume, Reben und Zypressen fehlen nicht; aber stärker wird die Landschaft durch den Wald geprägt, welcher das große Tal, in dem man wandert, begrenzt.

Wegbeschreibung

Ausgangspunkt ist die Piazza Giacomo Matteotti in Chiusdino (AGIP-Tankstelle; Bushaltestelle). Gegenüber dem Geschäft Fratelli Conti-Mobili biegt man in eine abzweigende Straße (von der Tankstelle aus gesehen nach links), von dieser nach wenigen Metern in eine nach links abwärts führende Straße (verblichener Wegweiser: Frassini). Auf dieser Straße unterhalb des Ortskerns von Chiusdino abwärts, bei einer Gabelung nach links, in nordöstlicher Richtung ortsauswärts. Der Asphalt hört nach wenigen Minuten auf. Auf breitem Weg in nordöstlicher Richtung, meist leicht absteigend, bis zum Dorf Frassini (45 min).

Im Dorf geradeaus weiter, vorbei an der Kirche. Wenige Meter nach der Kirche, unmittelbar vor einer Telefonzelle, biegt man nach rechts in einen abwärts führenden Weg (50 min). Bei einer Gabelung wenige Minuten darauf geht man nach links, weiter abwärts. Man überquert einen Bach, steigt wieder an, folgt immer dem Weg (nach einiger Zeit mit schönem Blick nach rechts auf Chiusdino). Bei einigen Abzweigungen geht man geradeaus.

Der Weg beschreibt schließlich eine Rechtskurve, steigt dann an zu einem breiten Fahrweg (1:25 Std.). Auf diesem nach links, bis zur Straße Massa Marittima – Siena (1:45 Std.). Auf der Straße nach rechts, über eine Brücke, gleich darauf nach links in einen ansteigenden Weg, welcher zur romanischen Kirche San Galgano führt (knapp 2 Std.). Links an der Kirche vorbeigehend, gelangt man in wenigen Minuten zu den Ruinen der gotischen Abtei, von dort auf Fahrweg zur Hauptstraße Massa – Siena. Auf der Straße nach links biegend, findet man nach 100 Metern eine Bushaltestelle (gegenüber von kleinem roten Haus; insgesamt 2:15 Std.).

Wanderung von Chiusdino nach San Galgano

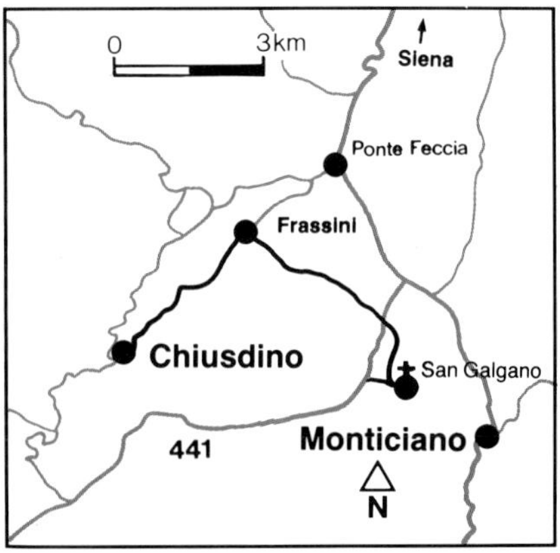

Wichtige Hinweise

Dauer: 2:15 Std.

Wegbeschaffenheit: bequeme Fahr- und Feldwege.

Anstiege: insgesamt 100 m.

Schwierigkeitsgrad: leicht.

Orientierung: einfach.

Restaurants in Chiusdino und Palazzetto (2,5 km von San Galgano)

Hotels in Chiusdino (La Palazzina, 4. Kat., ✆ 0577/750040) und Palazzetto (Il Palazzetto, 3. Kat., ✆ 0577/750160).

Busverbindungen: Gegenwärtig nur folgende Möglichkeit: 14.05 Uhr ab Siena, 15.05 Uhr an Chiusdino, Rückfahrt 18.10 Uhr ab oben beschriebener Haltestelle, Ankunft Siena 19 Uhr. Auf diese Weise bleiben nur 45 bis 60 Minuten für die Besichtigung der

Kirchen. Alternative: 13.45 Uhr ab Siena, 14.35 Uhr an Frassini (der Bus fährt in Richtung Montalcinello), nur der zweite Teil der Wanderung und mehr Zeit für die Besichtigung.

Mit dem Pkw: Parken in Chiusdino, Wanderung wie beschrieben. Mit Bus 18.10 Uhr Richtung Siena bis Ponte Feccia (5 min), dort umsteigen in Bus nach Chiusdino (18.25 Uhr; Fahrzeit 20 min). Fahrkarten vorher in Chiusdino oder Siena kaufen.

Am Wege

Oratorio San Galgano auf dem Hügel Montesiepi, Ende des 12. Jahrhunderts als Grabkirche für den Einsiedler Galgano Guidotti (1185 heiliggesprochen) erbaut, welcher sich hierher zurückgezogen hatte. Der innen wie außen zweifarbige Rundbau stand vermutlich zunächst ohne Anbauten da; bald aber wurde die Torhalle hinzugefügt. Das Klostergebäude (mit dem Glockenturm), welches sich heute an die Kirche anschließt, war ursprünglich von der Kirche getrennt; seine gegenwärtige Gestalt verdankt es späteren Umbauten. Um 1340 entstand die rechteckige Kapelle, welche Ambrogio Lorenzetti mit schönen, leider schlecht erhaltenden *Fresken* ausmalte: Madonna mit Engeln und Heiligen (bemerkenswert die Figur der Eva zu Füßen der Maria), Verkündigung, Szenen aus dem Leben des hl. Galgano.

Ruinen der Abtei San Galgano. Das Kloster, einstmals eines der mächtigsten der Toscana, entstand nach dem Tod des Galgano unterhalb seiner Grabkirche. Zwischen 1224 und 1288 wurde die große Abteikirche in gotischem Stil aufgeführt. Der Bau war von französischen Vorbildern beeinflußt (vgl. zur Architektur des Zisterzienserordens S. 158ff.). Im 15. und 16. Jahrhundert begann das Kloster zunächst an Einfluß zu verlieren, dann zu verfallen. 1577 wurden die Gebäude noch einmal restauriert, zweihundert Jahre später aber stürzten Glockenturm und Kirchendach ein, so daß nur die imposanten Ruinen erhalten blieben.

Bäume am Wege: die Zypresse

In der gleichsam architektonisch angelegten Landschaft der Toscana spielt die Zypresse eine eigene Rolle. Seit Jahrhunderten hat man sie bewußt gepflanzt, um Wegen und Bauten besondere Akzente zu geben. Zypressen flankieren, in Reihen geordnet, die Auffahrten zu herrschaftlichen Villen; sie unterstreichen, einzeln stehend oder in kleinen Gruppen, schlanken Türmen gleich, die Lage einfacher Bauernhäuser. Unübersehbar hebt sich die klare Silhouette des aufstrebenden Baumes vor jedem Hintergrund ab. Das verleiht ihm hinweisende Kraft. Wie ein Rufzeichen steht er im Land, streng und deutlich über den sanften Rundungen der Hügel, dunkel über dem silbernen Glanz der Ölbäume.

Wie der Ölbaum, so war auch die Zypresse vielen Völkern heilig. Die Lichtreligion der Perser sah in ihr ein Symbol der heiligen Feuerflamme; sie war ein Baum des Paradieses, welchen Zoroaster auf der Erde gepflanzt hatte. Häufig stand sie vor Tempeln und in Palasthöfen.

Auf der Insel Zypern, welche nach dem Baum benannt ist, galt dieser als Sitz einer Gottheit. Ein Symbol von Erdgottheiten war sie manchen Römern, die sich durch die östlichen Religionen berühren ließen. Vermutlich durch diese Einflüsse – denn Erd- und Todesgötter stehen sich nahe – wurde sie für römische Dichter zum Baum der

Zypressenreihen prägen das Landschaftsbild

Trauer und des Todes, in der Umkehrung dann für die Christen zu demjenigen des ewigen Lebens. Zypressen stehen häufig an Friedhöfen.

Manche Alchimisten verbrannten Zypressenholz, um das ›Tor‹ zu geheimen Kräften zu öffnen. Aus Zyrpressenholz waren – Zufall oder Zeichen einer langen Tradition? – die Tore des Diana-Tempels in Ephesus und die Pforten der ersten Vatikanischen Peterskirche.

Auch der praktische Nutzen der Zypresse verweist sie in die Sphäre des Erhabenen, ja sogar des Ewigen. Ihr Holz ist sehr dauerhaft; es galt für unzerstörbar. Man schnitzte daher aus ihm nicht nur Tempeltüren, sondern auch Götterbilder, verfertigte Särge und Inschriftentafeln. Aus Zypressenholz war in der Vorstellung der Griechen das Szepter des Zeus. Bei Horaz diente Zypressenholz für Manuskript-Kisten, doch auch für größere Gebrauchsgegenstände mochte es nützen: phönizische Handelsschiffe und die Flotte Alexanders des Großen wurden aus diesem Material gebaut.

Der besondere Wert des Holzes führte – nach Plinius – zu einer eigentümlichen Sitte: Bei der Geburt einer Tochter legte der Vater eine Zypressenpflanzung an; bis das Kind erwachsen war, standen auch die Bäume in vollem Wuchs und bildeten eine lebende Aussteuer.

So nützlich das Holz ist, die Zypresse ist kein Fruchtbaum. In der Antike war die Zypresse daher auch Gleichnis für einen fruchtlosen Schwätzer.

Von der heiligen Feuerflamme zum Bild für sinnloses Gerede – an die Zypresse haben sich viele Bedeutungen geheftet. In der Toscana ist sie heute ein ästhetischer Baum par excellence: ohne ›Bedeutung‹, ohne praktischen Nutzen, doch mit großer landschaftsprägender Kraft.

Steinmauern und Fabeltiere

Von Montalcino zur Kirche von Sant'Antimo und nach Castelnuovo dell'Abate

Einsamer Weg mit weiten Blicken auf das Hügelland der südlichen Toscana und den Vulkankegel des Monte Amiata. Im ersten Teil lassen sich einige Wegstrecken auf Asphaltstraßen nicht vermeiden; dann aber führt die Wanderung in kaum besiedelte, reizvolle Landschaften. Besonders schön ist der Abstieg zur romanischen Kirche von Sant'Antimo, die zwischen Ölbäumen, Steinmauern, Ginsterbüschen emporwächst, von steinernen Löwen und Fabeltieren bewacht.

Wegbeschreibung

In Montalcino schlägt man die Asphaltstraße in Richtung Grosseto ein (oberhalb des Ortes, bei der Burg). Nach 100 Metern eine Gabelung: hier geradeaus auf ansteigender Straße in Richtung Pineta (Wegweiser). Wenige Minuten darauf, in einer Linkskurve dieser Straße, auf geradeaus ansteigendem Waldweg weiter. Auf diesem zu einem Hügel, über den Gipfel des Hügels und in südöstlicher Richtung erneut zur unterhalb sichtbaren Straße (knapp 15 min). Auf der Straße nach rechts, in südlicher Richtung. Gleich darauf eine Abzweigung, man geht geradeaus. Man erreicht neuerlich die Straße Montalcino – Grosseto (25 min). Nach rechts, weiter in südlicher Richtung.

Ca. einen Kilometer weiter zweigt nach rechts eine Straße ab (Wegweiser: Camigliano); man bleibt auf der Hauptstraße. 300 Meter nach der Abzweigung findet man einen nach links führenden Fahrweg (45 min; Wegweiser: La Magia, Villa a Tolli, Il Cocco), schlägt diesen ein. Mit schönen Blicken bis zum Weiler Villa a Tolli (1:30 Std.).

Im Ort geht man bei einer Gabelung nach links (Wegweiser: Fattoria La Magia), gelangt auf Fahrweg bis an den Rand eines Anwesens (gut 1:45 Std.; Schilder: proprietà privata, vietato l'accesso). Unmittelbar vor den Verbotsschildern biegt man in einen nach links abwärts abzweigenden, zunächst am Rand eines Weinberges entlangführenden Weg. Auf diesem schöner Abstieg zwischen Steineichen und Ginster; bald erscheint die Kirche von Sant'Antimo im Blick. Ein Querweg (2 Std.); man geht nach links abwärts. Immer diesem Weg folgen (bei einer Abzweigung geht man, auf dem Hauptweg bleibend, rechts, bei der darauffolgenden Abzweigung, wieder auf dem Hauptweg, links) bis Sant'Antimo (2:30 Std.).

Von der Kirche geht man auf Fahrweg (nach kurzem Stück asphaltiert) in Richtung Castelnuovo dell'Abate, erreicht den Ort bei der Straße Montalcino – Seggiano (Bushaltestelle; 2:45 Std.).

Wanderung von Montalcino nach Castelnuovo dell'Abate

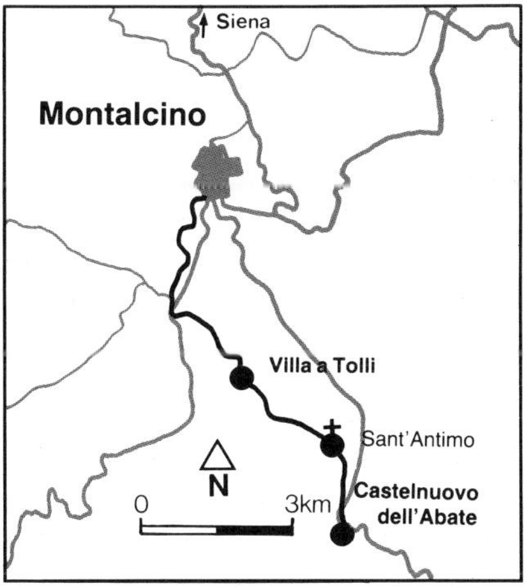

Wichtige Hinweise

Dauer: 2:45 Std.
Wegbeschaffenheit: Fahr- und Feldwege; 45 min auf Asphaltstraßen.
Anstiege: weniger als 100 m.
Schwierigkeitsgrad: leicht.
Orientierung: einfach.
Restaurants in Montalcino und Castelnuovo dell'Abate. *Hotels* in Montalcino (s. S. 95)
Busverbindungen: günstigste Verbindung für einen Tagesausflug ab Siena: 10.45 Uhr ab Siena, 12.15 Uhr an Montalcino; Rückfahrt Castelnuovo – Montalcino 16.50 Uhr oder 19.10 Uhr (15 min Fahrzeit);
Montalcino – Siena 20.30, Ankunft 22 Uhr.
Mit dem Pkw: Rückfahrt Castelnuovo – Montalcino 15.15, 16.50, 19.10 Uhr.

Am Wege

Montalcino, mittelalterliches Städtchen im Zentrum eines bedeutenden Weingebiets. Im Ortsmittelpunkt *Palazzo Comunale* (Rathaus; 13./14. Jh.). *Kirche S. Egidio* (1325), in gotischem Stil auf romanischem Grundriß. Romanische Kapitelle aus einer älteren Kirche.

Rocca (Festung) des 14. Jh. *Diözesanmuseum* und *Museo Civico* (jeweils mit Gemälden sienesischer Maler des 13.–15. Jh.); kleines *Archäologisches Museum.* Schöner Blick auf die Stadt von dem Platz vor der Kirche S. Francesco.

Sant'Antimo, romanische Klosterkirche des 12. Jh. (Farbt. 5), s. S. 58f.

Toskanische Städtefreiheit. Montalcino und seine Geschichte

»Eine der interessantesten kleinen Städte der Toskana« – so bezeichnet der Führer des Touring Club Italiano Montalcino. Der Ort weist keinerlei ›Sehenswürdigkeiten‹ von außerordentlichem Interesse auf. Aber der einheitliche Charakter der Stadt, ihre Lage auf einem Hügel hoch über den ›Crete Senesi‹, die Ruhe ihrer Plätze und kleinen Kirchen, ihrer Gemüsegärten und steinernen Mauern – das alles vermittelt den Eindruck eines mittelalterlichen Städtchens, wie man ihn in der Toscana außer in Montalcino wohl nur noch in San Gimignano in dieser Form erleben kann.

Die Entwicklung Montalcinos ist exemplarisch für die Geschichte der kleineren toskanischen Orte. Schon in etruskischer und römischer Zeit war der Platz besiedelt, jedoch ohne größere Bedeutung. Im 9. Jahrhundert geriet er in den Besitz der nahegelegenen Abtei Sant'Antimo: in jener Epoche vom 9. bis 12. Jahrhundert, als die Städte sich nach den Unruhen der Völkerwanderungszeit neu zu entfalten begannen, lag fast überall – auch in Florenz und Siena – die politische Macht bei den kirchlichen Würdenträgern. Nach und nach setzten sich die besitzenden Klassen dieser kleinen Städte (Kaufleute und begüterte Handwerker) gegen die geistliche Oberaufsicht zur Wehr, schufen ihre eigenen Ratsversammlungen und regierten bald ohne Einflußnahme der Bischöfe und Äbte die Stadt. Der ›libero comune‹ (die ›freie Gemeinde‹) bildete sich heraus, das erstes Modell demokratischer Selbstverwaltung in Europa seit der Antike (von dem allerdings die Mehrheit der Bevölkerung: Frauen und Nicht-Besitzende, ausgeschlossen blieb).

Im 13. Jahrhundert war die Toscana übersät von einer Vielzahl solcher Stadtrepubliken, die zumeist nur einige Tausend Einwohner zählten. Sehr schnell allerdings bildeten sich zwei Machtzentren heraus: Florenz und Siena. Diese beiden Städte, untereinander in erbitterter Rivalität, brachten durch diplomatischen und militärischen Druck allmählich die anderen toskanischen Städte in ihre Gewalt. (Nur Lucca behielt seine Unabhängigkeit bis zum Einmarsch Napoleons 1805.) Montalcino geriet recht früh, 1260, in die Abhängigkeit von Siena. Sein schönes Rathaus ist das Symbol städtischer Unabhängigkeit; die von den Sienesen oberhalb der Stadt errichtete Festung stammt demgegenüber aus der Zeit, als die Autonomie des Ortes bereits verlorengegangen war.

Von 1260 an verbindet sich die Geschichte Montalcinos mit derjenigen Sienas. In dieser trat Montalcino noch einmal bedeutend hervor. Im Entscheidungskampf gegen Siena vereinigten sich zu Beginn des 16. Jahrhunderts Florenz, der Medicipapst Clemens VII. und der Habsburgerkaiser Karl V. Auf der Seite Sienas standen die Franzosen (welche allerdings nur wenige Truppen stellten) und die florentinische Opposition (die Gegener der diktatorisch regierenden Medici, welche sich nach Siena ins Exil begeben hatten). Montalcino spielte in diesen Kämpfen eine wichtige Rolle. 1525 schlug es die päpstlichen Truppen zurück, welche im Jahr darauf auch in Siena vernichtend geschlagen wurden. 1555 nahmen die kaiserlichen – mit Florenz verbündeten – Truppen nach zweijähriger Belagerung Siena ein. Mehr als 650 sienesische Familien zogen sich nach Montalcino zurück und gründeten in dieser letzten nicht eroberten Stadt eine ›Republik Siena im Exil‹. Ein letztes Mal lebte die alte toskanische Städtefreiheit in dem kleinen Bergstädtchen. Vier Jahre lang hielt sich die Republik; doch konnte sie nur mit Unterstützung der Franzosen bestehen. Als diese sich nach dem Friedensvertrag von Cateau-Cambrésis 1559 zurückzogen, geriet auch Montalcino zum – florentinisch beherrschten – Großherzogtum Toscana, blieb bei ihm, bis 1860 das Königreich Italien entstand.

Das Montalcino lange Zeit zu Siena gehört hat, ist in der Stadt spürbar: manche Bauten wiederholen die sienesischen Formen. Dicht drängen sich die Häuser aneinander, schlanke Türme ragen darüber hinaus. Gassen und Treppenaufgänge eröffnen immer neue Panoramen und faszinierende Ausblicke. Nach Norden und Osten blickt man auf das Meer der Hügel, von denen ein jeder noch einmal in sich gewellt ist, als hätten gigantische Skiläufer dort ein paar Schwünge vollführt. Im Westen und Süden der Stadt sind die Hänge bewaldet; ein dunkler Pelz aus Kastanien und Steineichen bedeckt sie. Unmittelbar vor den Stadttoren und -mauern aber liegen Wein-, Obst- und Olivengärten, manchmal eine Blumenwiese dazwischen.

Bei Montalcino wird der ›Brunello‹ angebaut, teuerster und einer der besten Rotweine Italiens. Die Anbaumenge ist begrenzt; vier Jahre muß der Wein in Eichenfässern lagern, bevor er als Brunello verkauft werden darf. Jüngere Montalcino-Weine, ebenfalls von guter Qualität, werden als ›Vini dai vigneti del Brunello‹ bezeichnet, als ›Weine aus den Brunello-Weingärten‹. Auch Öl und Honig der Gegend sind schmackhaft.

Einmal jährlich findet in Montalcino ein Theaterfestival statt. Die kleine Stadt belebt sich; für einige Tage zeigt sie einen Hauch von Weltläufigkeit. Das schöne Café ›Fiaschetteria, Cantina del Brunello‹ am Marktplatz, stilvoll in der Einrichtung von 1880 belassen, wird zu einem Treffpunkt von Schauspielern, Journalisten und Publikum. Bald aber, wenn die Gäste abgereist sind, tritt Montalcino wieder zurück in seine ruhig-provinziellen Lebensformen.

Die Kirche von Sant'Antimo

Die Abteikirche von Sant'Antimo zählt zu den schönsten Kunstwerken der Toscana. Einsam liegt sie in einem Tal südlich von Montalcino, inmitten von Feldern, Olivenhainen und ginsterbewachsenen Hängen. Mit ihren hellen Travertinsteinen fügt sie sich vollkommen in die Landschaft ein. Eine große Zypresse flankiert den quadratischen Glockenturm, Ölbäume umgeben die Apsis, die steinernen Löwen des Portals blicken auf bröckelnde, grünbewachsene Steinmauern. Das Bauwerk wirkt wie aus der Landschaft emporgewachsen.

Das Kloster von Sant'Antimo wurde der Überlieferung nach gegen Ende des 8. Jahrhunderts von Karl dem Großen gegründet; mit Sicherheit hat es hier spätestens seit dem Jahr 813 ein Kloster gegeben. Aus dieser Zeit ist nur noch die unterirdische ›*karolingische Kapelle*‹ an der Südseite des Baus erhalten. Mit dem Bau der heutigen Kirche wurde vermutlich kurz nach 1110 begonnen, um 1160 war sie fertiggestellt. Die Äbte von Sant'Antimo waren zu dieser Zeit mächtige Feudalherren; ihnen gehörte unter anderem Montalcino; sie führten sogar Auseinandersetzungen mit dem mächtigen Siena. Im 13. Jahrhundert begann der Niedergang des Klosters; 1462 wurde es aufgelöst.

Der *Turm* ist vermutlich etwas älter als die Kirche; in ihm hängt noch eine über siebenhundertjährige Glocke. Zwei schöne Reliefs – aus dem 12. Jahrhundert – am Turm: eine Chimäre (Fabelwesen mit Frauenkopf und Tierkörper) und eine Madonna mit Kind. An der Nordseite der Kirche befindet sich – Überrest des älteren Bauwerks – eine Tür aus dem 9. Jahrhundert mit langobardischen Flechtornamenten.

Am *Hauptportal* Löwen, die ›Wächter der Pforten‹. Ursprünglich war hier ein Doppelportal geplant. Die zweite Portalhälfte wurde – vielleicht wegen finanzieller Schwierigkeiten der Abtei – an eine Kirche im nahegelegenen San Quirico d'Orcia verkauft.

Um die Kirche herumgehend, gelangt man in das Gelände des ehemaligen Kreuzgangs (Farbt. 5). Durch ein Portal an der Südseite (mit Adlern-, Greifen-, Drachenreliefs und dem Wappen eines Bischofs von Montalcino um 1600) betritt man die Kirche. Sie ist dreischiffig, ohne Querhaus, mit einem Umgangschor (d. h. die Gläubigen konnten in der Verlängerung der Seitenschiffe um den Chor herumgehen – eine Anlage, die sich insbesondere in Pilgerkirchen findet, welche im Chor Heiligenreliquien aufbewahrten). Das Kircheninnere vermittelt den Eindruck von Klarheit, Stabilität und Helligkeit. Man spürt die Geborgenheit, die romanische Kirchen oft vermitteln – durch die Rundung von Bögen und Wölbungen, auch durch das Rund der Apsis (in die das dreischiffige Langhaus bruchlos ausläuft). Die Übersichtlichkeit des Bauwerks, die Festigkeit und Schwere der Mauern verstärken diesen Eindruck. Im Unterschied zu anderen romanischen Kirchen aber ist Sant'Antimo zugleich eine

Kirche des Lichts und des Emporstrebens. Der Raum ist außerordentlich hell; dazu tragen neben dem Lichteinfall auch die im Bau vielfach verwendeten durchscheinenden Onyx-Steine aus den nahegelegenen Steinbrüchen von Castelnuovo dell'Abate bei. Das Mittelschiff ist schmal im Verhältnis zur Höhe, die Vertikalrichtung dadurch betont. Der Bau hat nichts Gedrücktes oder Gedrungenes. Durch seine Solidität, durch die ›mütterlichen‹ Rundformen ist er dem Erdhaften verbunden wie die gesamte romanische Kunst; zugleich aber öffnet er sich dem Licht. Eine eigentümliche, in dieser Form einzigartige Harmonie stellt sich im Inneren des Raumes her. Die Architektur ist ungewöhnlich für Italien; der Bau wurde durch die französische Romanik beeinflußt. Vielleicht haben ihn norditalienische Meister geschaffen, welche Wanderjahre in der Auvergne hinter sich hatten. In einer zweiten Bauphase scheint eine Gruppe südfranzösischer Steinmetze an der Kirche gearbeitet zu haben.

Ursprünglich sollte, wie die kunsthistorische Forschung annimmt, die Kirche im Mittelschiff steingewölbt werden; schließlich wurde nur eine flache Holzdecke eingezogen, auch dies wohl – wie der Verkauf der Portalhälfte – aus finanziellen Gründen. Von Ost nach West ist eine Verarmung des Schmucks festzustellen (in den Emporenöffnungen); man hat vielleicht den Bau im Osten begonnen, dann im Westteil in einfacheren Formen fertiggestellt. Trotz dieser Planänderungen bleibt die Einheitlichkeit des Gesamteindrucks ungetrübt.

Schön sind die *Kapitelle*, keins gleicht dem anderen. Das reichhaltigste befindet sich an der zweiten Säule rechts (vom Portal aus gesehen): Daniel in der Löwengrube, vom sogenannten Maître de Cabestany um 1150 geschaffen. Auf Kapitellen im Altarbereich erblickt man Adler, geflügelte Drachen, Widder- und Ziegenschädel. An der Säule links vorm Altar schießt ein Kentaur auf Löwen (der Kentaur sehr teuflisch, die Löwen wirken mit großem Auge und Gebiß eher lustig). Daneben finden sich Pflanzen, Flechtband-, Schachbrett-, Rankenmuster und andere ornamentale Motive. Der Onyxstein verschafft den Skulpturen eine besondere Helligkeit.

Die *Emporen* wurden im 15. Jahrhundert zur Bischofswohnung umgebaut. Man kann sie durch eine Treppe rechts vom Eingang erreichen (schöner Blick von oben in die Kirche). In einem der Räume befindet sich ein Kamin aus der Zeit des Umbaus.

Über dem Altar ein hölzernes *Kruzifix* aus dem 12. Jahrhundert. Rechts vom Altar der Eingang zur kleinen *Krypta*, in der ein römischer Grabstein als Altartisch dient. Gegenüber gelangt man in die *Sakristei* – über der ›karolingischen Kapelle – mit Fresken der Benedikts-Legende aus dem 15. Jahrhundert: Der Aufbruch von Norcia (zerstört), Ankunft in Rom, das wundersame Zusammenfügen eines zerbrochenen Behältnisses, Heilung eines Gelähmten; darunter: Versuchung durch ›schlechte Frauen‹ (in der Mitte zwei sich paarende Schweine als Anspielung auf die Niedrigkeiten, denen Benedikt auszuweichen weiß), Gründung des Klosters Monte Cassino, Legende vom durch den Teufel zerbrochenen Glöcklein.

Der Kustode zeigt hier, wenn er dazu aufgelegt ist, Knochen, die er bei der Kirche gefunden hat (nach seiner Auffassung sind es die Knochen von Kriegern Karls des Großen) sowie seine Ansichtskarten- und Fotosammlung. Schönstes Stück: der Kustode selbst im Kreise der Schauspieler des Films ›Fratello Sole, Sorella Luna‹, welcher zum Teil in Sant'Antimo gedreht wurde.

Mehrtägige Wanderungen

Durchs Chiantigebiet
Von Florenz nach Siena

Fünftägige Wanderung in der wein- und waldbewachsenen Hügellandschaft des Chianti. Ginsterbestandene Hochflächen wechseln mit Ölbaumhainen, Bauernhäuser stehen neben mittelalterlichen Burgen, aus dunklen Bachtälern gelangt man in die hitzeflimmernde Luft der Kammwege. Große Strecken der Wanderung führen mit weiten Ausblicken am Hang entlang; immer wieder sieht man auf die charakteristische toskanische Landschaft der sich hintereinander wellenden Hügelreihen mit ihren sanften, verschwimmenden Farbtönen.

Es ist dies fast ausschließlich eine Wanderung der Natureindrücke: von allen in diesem Buch beschriebenen Mehrtages-Wanderungen weist sie die wenigsten Kunstwerke am Wege auf. Das mag überraschen in einer Gegend, welche als ›Kunstlandschaft‹ berühmt ist. Aber die toskanische Kultur des Mittelalters und der Renaissance war Stadtkultur; außerhalb der Städte ist das Gebiet zwischen Florenz und Siena an Kunstwerken erheblich ärmer als die etruskische Südtoscana oder das feudal-kirchlich geprägte Latium. Im Gebiet dieser Wanderung stellt die Landschaft selbst das ›Kunstwerk‹ dar: sie ist von Menschenhand kultiviert und ›ästhetisiert‹ worden (s. S. 27ff.). Die Formen der Bauernhäuser fügen sich mit den Pflanzungen der Weinreben, der Ölbäume, mit den Reihen der Zypressen vielfach zu Bildern von vollkommener Harmonie. Immer wieder erblickt man die ›typischen‹ Ansichten der Toscana. Daneben aber trifft man auch auf Seiten, welche mit den üblichen Toscana-Vorstellungen kaum übereinstimmen, sieht große dunkle Wälder, gelangt in macchiaartiges Gebüsch, erlebt die Stille feuchter Bachtäler.

Im ersten Abschnitt der Wanderung stellt sich ein Organisationsproblem: Zwischen Bagno a Ripoli (am Stadtrand von Florenz) und Passo dei Pecorai gibt es keine Übernachtungsmöglichkeit. Die Strecke ist auch von sehr geübten Wanderern kaum an einem Tag zurückzulegen (mehr als acht Stunden Wegstrecke). Es bleiben zwei Möglichkeiten, sofern man nicht mit dem Zelt wandert und somit von Hotels unabhängig ist: Man lasse das erste Teilstück aus und beginne die Wanderung in San Donato in Collina oder in San Polo in Chianti. Ober aber – die schönere Lösung – man kehre am Abend des ersten Wandertages von San Polo mit dem Bus nach Florenz zurück, übernachte dort, fahre am nächsten Morgen wieder nach San Polo und beginne dann die fortlaufende Wanderung.

◁ *Die Kirche von Sant'Antimo*

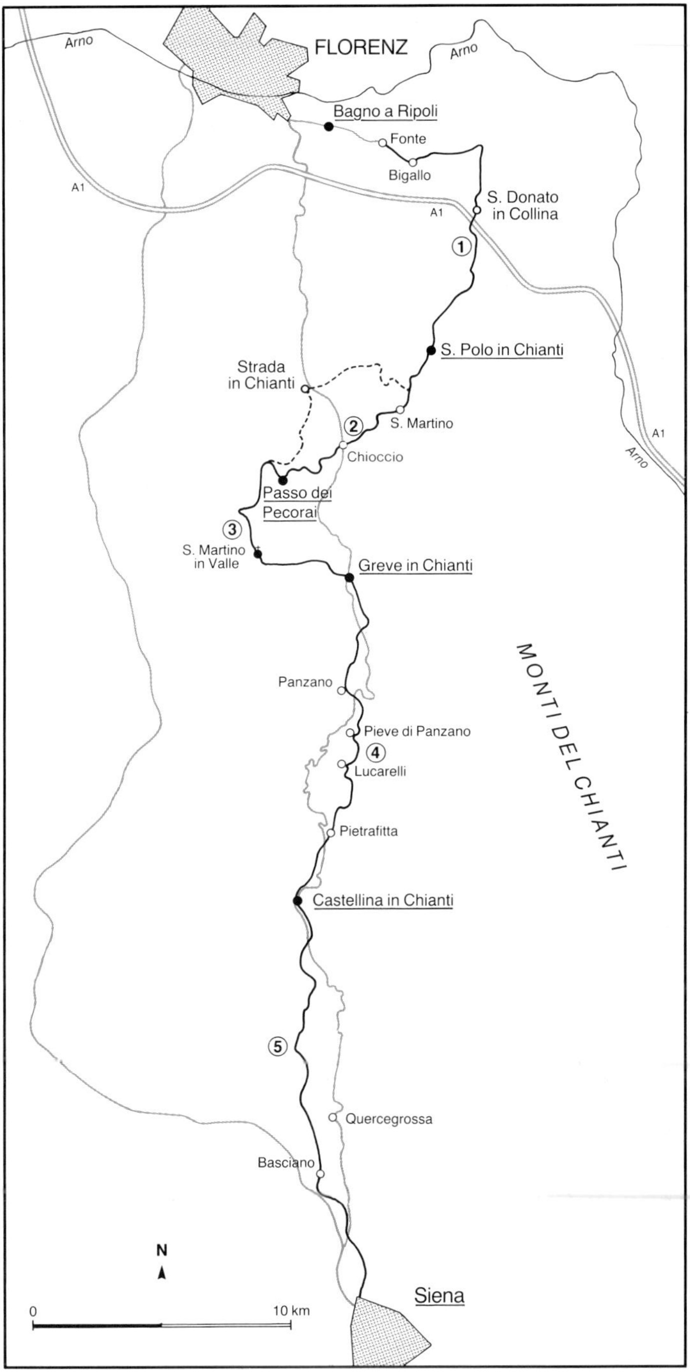
FLORENZ
Arno
Arno
Arno
Bagno a Ripoli
Fonte
Bigallo
A1
A1
A1
S. Donato
in Collina
1
S. Polo in Chianti
Strada
in Chianti
S. Martino
2
Chioccio
Passo dei
Pecorai
3
S. Martino
in Valle
Greve in Chianti
MONTI DEL CHIANTI
Panzano
Pieve di Panzano
4
Lucarelli
Pietrafitta
Castellina in Chianti
5
Quercegrossa
Basciano
N
Siena
0
10 km

Ich schlage folgende Einteilung der Tagesabschnitte vor:

1. Tag *Bagno a Ripoli – S. Polo in Chianti* (4:30 Std.)
2. Tag *S. Polo – Passo dei Pecorai* (knapp 4 Std.)
3. Tag *Passo dei Pecorai – Greve* (3:30 Std.)
4. Tag *Greve – Castellina in Chianti* (4:30 bis 5 Std.)
5. Tag *Castellina – Siena* (knapp 5 Std.)

Alle Hotels am Wege sind auf S. 68 aufgeführt. Einige Variationen bei der Streckeneinteilung sind möglich (insbesondere – für geübte Wanderer – die Zusammenfassung der Abschnitte des zweiten und dritten Tages zu einer einzigen Etappe).

Die Wege sind – mit Ausnahme des ersten Teilstücks bis kurz vor S. Polo – nicht markiert; die Orientierung kann an einigen wenigen Punkten Schwierigkeiten bereiten. Ich habe nach Möglichkeit für diese Stellen leichter zu findende Varianten mit angegeben. Die Karte des Istituto Geografico Militare (s. S. 213) Nr. 113 Castelfiorentino (Maßstab 1:100000) mag hilfreich sein.

1. Tag
Von Bagno a Ripoli nach S. Polo in Chianti

Der Weg ist beschrieben auf den Seiten 20ff. (Über dem Tal des Arno – Von Bagno a Ripoli nach San Donato in Collina) und 22ff. (Der Panoramaweg des Chianti – Von S. Donato nach Chiocchio, erster Teil). Dort auch alle Hinweise zur Anfahrt Florenz – Bagno a Ripoli und zur eventuellen Hin- und Rückfahrt S. Polo – Florenz.
Dauer der Wanderung: vier Stunden.

2. Tag
Von S. Polo nach Passo dei Pecorai

Wegbeschreibung des Abschnitts S. Polo – Chiocchio (bzw. S. Polo – Strada) auf S. 24ff. (Panoramaweg, zweiter Teil).
Von Chiocchio bis Passo dei Pecorai:
Aus Richtung S. Polo in Chiocchio ankommend, biegt man auf der Hauptstraße nach rechts, nach dreißig Metern (vor dem Restaurant Gano) nach links in einen Fahrweg, welcher in südwestlicher Richtung zum Weingut Villa Nozzole führt (Wegweiser). Auf diesem Weg immer geradeaus, vorbei an einem Weingut rechter Hand und einem Trainingsplatz für Jagdhunde links. Man erreicht Villa Nozzole (20 min ab Chiocchio), biegt vor dem Anwesen scharf nach links, geht weiter auf breitem, z. T. asphaltierten Fahrweg bis Passo dei Pecorai (eine kleine, aus neueren Häusern bestehende Ortschaft; 50 min ab Chiocchio, 3:50 Std. ab San Polo).

Von Strada in Chianti bis Passo dei Pecorai:
Von Strada aus folgt man dem S. 30ff. (Burgen und Berge des Chianti) beschriebenen Weg bis zur Asphaltstraße im Tal des Flusses Greve (60 min ab Strada). Auf der Straße nach links gehend, erreicht man in 15 Minuten Passo dei Pecorai (4:15 Std. ab S. Polo)
Hotel, Restaurant, Lebensmittelgeschäfte in Passo dei Pecorai (vgl. S. 68).
Busverbindungen nach Florenz ab Passo dei Pecorai (letzter Bus werktags 17.28, sonn- und feiertags 18.08 Uhr).
Hinweise zum Weg s. S. 32.

3. Tag
Von Passo dei Pecorai nach Greve in Chianti

Von Passo dei Pecorai geht man auf der Hauptstraße in Richtung Florenz, überquert nach ca. 15 Minuten auf der Straße den Fluß Greve. Kurz danach biegt man nach links in eine kleinere Asphaltstraße (Wegweiser: San Casciano), passiert die Kelterei Castelli del Grevepesa. Weiter auf dem S. 31f. (Burgen und Berge des Chianti) beschriebenen Weg (ab dritten Absatz der Wegbeschreibung). *Dauer* der Wanderung bis Greve dreieinhalb Stunden. – Hinweise zum Weg s. S. 32.

4. Tag
Von Greve nach Castellina in Chianti

Wechselnde Landschaften, schöne Blicke auf weiten Strecken dieses Weges. Man beginnt die Wanderung im Tal des Flusses Greve, steigt dann durch Wald allmählich an zum reizvoll gelegenen Panzano. Später wechseln Kammwege, immer mit weiten Blicken auf ›typisch‹ toskanisches Hügelland, mit neuerlichen Waldwanderungen in einsamer Landschaft.

Wegbeschreibung

Für das erste Teilstück von Greve aus zwei Möglichkeiten: entweder man geht auf der Landstraße Richtung Siena etwa zwei Kilometer bis zum Kilometerstein 25, Abzweigung Richtung Licorti, nimmt dann den unten beschriebenen Weg (vgl. S. 66, ab ›Abzweigung 'Licorti 4 km'‹) oder man folgt der nachstehend geschilderten Variante, welche schöner ist und die Hauptstraße vermeidet, aber etwas länger dauert, mit einer Bachüberquerung verbunden ist (nasse Füße in manchen Jahreszeiten unvermeidlich) und u. U. Orientierungsprobleme stellen kann.

Von der Piazza in Greve ausgehend, überquert man die Hauptstraße Florenz – Siena, geht in östlicher Richtung auf der Straße nach Figline Val d'Arno (Wegweiser). Auf dieser über den Fluß Greve, gleich darauf biegt man nach rechts in die Via Luca Cini (Wegweiser ›Monte San Michele‹). Die Straße führt oberhalb eines Parkplatzes entlang, steigt leicht an, beschreibt eine große Linkskurve. In einer darauf folgenden Rechtskurve biegt man – unterhalb des Friedhofs – nach rechts ab in einen Fahrweg (10 min vom Ortszentrum). (Das Schild: ›Strada privata. Divieto di transito‹ verbietet nur die Durch*fahrt*, nicht das Betreten des Weges.) Man gelangt zu einem Gehöft, an dem man rechts vorbeigeht.

Nach 25 Minuten schlägt man, kurz vor einem kleinen Häuschen rechter Hand, einen nach links abzweigenden, an einem Weinberg entlangführenden Weg ein. Gleich darauf biegt man zwischen zwei Weinbergen vom Weg nach rechts in eine abwärtsführende Fahrspur. (Wenn die Fahrspur nicht deutlich erkennbar sein sollte, geht man hier ohne Weg nach rechts abwärts.) Die Fahrspur verbreitert sich zu einem deutlich erkennbaren Weg, welcher nach einigen Minuten eine Rechtskurve beschreibt und sich schließlich in Wiesen nahezu verliert. Am Rand eines Gebüschs weiter abwärts zu einem Bach, den man überquert. Auf der anderen Seite des Baches nach rechts, am Bach entlang. Kurz darauf auf einem Weg nach links, zu einem Haus. Bei diesem Haus biegt man nach rechts auf einen Fahrweg. In der folgenden Rechtskurve des Weges geradeaus weiter gehen, zwischen

Bach und Weinreben zur Straße Florenz – Siena, die man bei einer Brücke (km-Stein 25; 45 min) erreicht.

Nach links über die Brücke. Unmittelbar darauf biegt man, in einer Linkskurve der Straße, nach rechts in einen Fahrweg (gegenüber eine Abzweigung: ›Licorti 4 km‹; 50 min). Auf diesem Weg ein kleines Tal hinauf; man überquert nach gut fünf Minuten einen Bach, biegt gleich darauf vom Fahrweg nach links ab, kreuzt eine breite Fahrspur, steigt oberhalb des Baches auf einem Waldweg an. Weg führt zwischen Ginster und Eichen in südlicher Richtung. Bei einer Gabelung (1:10 Std.) links halten, weiter parallel zum Bach (Bach nicht überqueren!). Man erreicht einen breiteren Weg, geht auf diesem nach rechts, biegt nach wenigen Metern nach links in einen Pfad in südwestlicher Richtung. Auf diesem Pfad weiter am Bach entlang; schließlich überquert man den Bach am Waldrand, wendet sich nach links und geht am unteren Rand eines Weinbergs auf das in südlicher Richtung auf einer Hügelkuppe auftauchende Panzano zu. Linker Hand wiederum ein Bach, dem man aufwärts folgt.

Am Ende des Weinbergs wendet sich der Weg nach rechts, auf ein Gehöft zu. Man kann zu dem Gehöft gehen und von dort auf kleinen Sträßchen Panzano erreichen oder aber man folgt – ohne asphaltierte Wegstrekken, aber anstrengender – weiter dem Bach aufwärts, zunächst querfeldein, dann auf sehr schmalem Pfad. Sobald der Weg am Bach entlang durch dichtes Gebüsch versperrt wird, steigt man – etwas mühselig – einige Meter nach rechts an, geht zunächst parallel zum Bach weiter, wendet sich dann nach links, überquert den Bach, geht auf ein links am Hang sichtbares Gehöft zu. Unmittelbar vor dem Gehöft trifft man auf einen nach rechts aufwärts führenden Weg, dem man am Rand eines Weinberges folgt. Der Weg wendet sich oberhalb des Weinberges nach links, führt zu einem Fahrweg. Auf diesem weiter aufwärts, an einer Gabelung rechts. Kurz darauf in einer Linkskurve des Fahrwegs geradaus weiter gehen, steil aufwärts nach Panzano (1:50 Std.).

Am Ortseingang, unterhalb der Kirche, in einen Weg nach rechts, dann vor der Kirche nach links in ein durch den alten Ortskern abwärts führendes Sträßchen. Aus dem Stadttor hinaus, durch den neuen Ortsteil. Nach wenigen Minuten eine größere Straße, Via di Pescille; auf dieser links gehen. Man gelangt zur Straße Florenz – Siena, überquert diese, geht auf leicht ansteigendem Asphaltsträßchen weiter (Wegweiser ›Villa Le Barone‹, ›Casa al Monte‹). Knapp 10 Minuten auf diesem Sträßchen, bis zu einer Gabelung, bei der man nach rechts geht (Wegweiser: ›Villa Le Barone‹). Am Friedhof vorbei, die Asphaltierung endet. Weite Blicke auf bewaldetes Hügelland mit schönen Bauernhöfen. Man erreicht die schön gelegene Pension Villa Le Barone (2:15 Std.).

An der Villa vorbei auf dem Fahrweg weiter, an einer Kreuzung geradeaus, zur romanischen Kirche Pieve di S. Leolino. (Man kann sich die Kirche vom Kustoden zeigen lassen, das Innere ist spürbar restauriert.) Unmittelbar vor der Kirche (von Villa Le Barone aus gesehen) nach links in einen abwärts führenden Weg; gleich darauf ein breiterer Querweg, dem man nach rechts abwärts folgt. Wenig später, vor einem Haus, zwei Abzweigungen nach links; man geht geradeaus, d.h. rechts an dem Haus vorbei. Hinter dem Haus beschreibt der Fahrweg eine Linkskurve; an dieser Stelle wiederum geradeaus – auf einem abwärts führenden Weg – weitergehen. Auf diesem Weg zu dem Dorf Lucarelli, welches bald im Tal sichtbar wird. Man erreicht am Ortsrand die Hauptstraße (2:45 Std.), wendet sich nach links (Richtung Radda), durchquert den Ort.

Am Ortsende führt – gegenüber einer Bar – eine Treppe nach rechts zum Fluß Pesa hinab; auf der Treppe abwärts, auf einer Brücke über den Fluß, dann nach links gehen, parallel zum Fluß in südöstlicher Richtung. Nach einigen Minuten biegt der Weg, auf dem man sich befindet, nach links ab, um wiederum den Fluß zu durchqueren; man folgt hier der Biegung des Weges *nicht,* sondern geht am unteren Rand eines Weinfeldes einige Schritte geradeaus weiter, wendet sich dann nach rechts und geht – zwischen Wein rechter Hand und einem Gebüsch links – in südwestlicher Richtung auf die Hügel zu. Gleich darauf kreuzt man einen Fahrweg (links eine Brücke), geht auf einem Weg rechts vom Bach in gleicher Richtung wie bisher weiter.

Man steigt in südlicher Richtung an, überquert nach einigen Minuten in scharfer Linkskurve einen Bach, passiert das Anwesen Scopo (3:15 Std.). 200 Meter hinter dem Haus, am Ende eines Weinfeldes, biegt man in einen nach rechts ansteigenden Weg. Dieser wendet sich gleich darauf nach links, verläuft am Hang rechts oberhalb des Baches. Nach einigen Minuten beschreibt der Weg eine Rechtskurve, wendet sich dann wieder nach links, steigt – undeutlicher und etwas unwegsamer werdend – aus dem Tal heraus in südwestlicher Richtung steiler an. Auf der Höhe geht man wiederum parallel zum Bach und erreicht das verlassene Gehöft Casuccia (3:35 Std.).

An diesem rechts vorbeigehend (ein kurzes Stück auf sehr schmalem, dornigem Pfad) trifft man an der Eingangsseite des Hauses auf einen breiteren Weg, der sich nach wenigen Metern gabelt; man hält sich hier links, in südlicher Richtung. Nach etwa fünf Minuten ein breiterer Fahrweg; nach rechts gehen. Kirche und Burg von Pietrafitta werden sichtbar. Man erreicht Pietrafitta (3:50 Std.), geht rechts an der Kirche vorbei. Weg senkt sich, führt durch eine Zypressenallee zur Straße Florenz – Siena. Man überquert diese, steigt auf der anderen Seite auf einem Fahrweg an, biegt nach wenigen Metern hinter einem Haus nach links in einen ansteigenden, zunächst unscheinbaren Weg, welcher gleich darauf deutlicher erkennbar wird und auf dem Kamm eines Hügelrückens in südlicher Richtung weiter ansteigt. Schöne Blicke auf Wein- und Waldgebiete, einzelne Gehöfte und Kastelle, die Dörfer Pietrafitta und Panzano.

An einem Anwesen, dann an einer Häusergruppe vorbei; immer geradeaus. Castellina wird sichtbar (4:15 Std.). Weg führt bald darauf links an einem Haus vorbei abwärts zur Straße, erreicht diese bei den Quellen des

Flusses Arbia. Man wendet sich nach rechts, folgt der Straße einige hundert Meter aufwärts, biegt dann, in einer Linkskurve der Straße, nach rechts in einen Pfad, welcher steil ansteigt. Man erreicht neuerlich die Straße, geht rechts und gleich darauf in einen Fahrweg, welcher rechts aufwärts zu den Etruskergräbern des Monte Calvario führt (Wegweiser ›Tombe Etrusche‹). Auf gleichem Weg zurück zur Straße und zum Ortszentrum von Castellina (4:45 Std.).

Wichtige Hinweise

Dauer: 4:45 Std.
Wegbeschaffenheit: Fahrwege, gelegentlich Waldpfade, kurze Strecken querfeldein über Wiesen
Anstiege: zwei größere Anstiege: Tal des Greve – Panzano 250 m, Lucarelli – Pietrafitta 200 m. Insgesamt ca. 600 m Anstieg.
Schwierigkeitsgrad: anstrengende Wanderung
Orientierung: zwischen Greve und Panzano gelegentlich schwierig, sonst mittelschwer.
Restaurants in Greve und Castellina, Bars und Lebensmittelgeschäfte auch in Panzano und Lucarelli.
Hotels: in Greve, zwischen Panzano und Lucarelli, in Castellina. Vgl. unten.

Am Wege

Panzano, schön gelegene Ortschaft mit Resten eines mittelalterlichen Kastells.
Pieve (Taufkirche) San Leolino, romanischer Bau vermutlich des 13. Jahrhunderts, mit Renaissance-Vorhalle und kleinem *Kreuzgang* (15. Jh.). Die Kirche ist durch – deutlich spürbare – Restaurierungsarbeiten wieder in den ursprünglichen Zustand ›zurückversetzt‹ worden. Taufbrunnen des 16. Jh.; *Altartafel* ›Madonna zwischen den hl. Petrus und Paulus‹ von Meliore di Jacopo (1260–1280) an der Wand des rechten Seitenschiffs; verschiedene Madonnenbilder des 15. Jh.
Etruskergrab Monte Calvario bei Castellina, vgl. S. 42
Castellina in Chianti, vgl. S. 42

In einem Dorf des Chianti-Gebiets

5. Tag
Von Castellina in Chianti nach Siena

Vgl. S. 42 ff. (Die Umgebung Sienas)
Dauer der Wanderung: 4:45 Std.
Hinweise auf S. 45.

Hotels (von Florenz nach Siena)

Passo dei Pecorai
Da Omero (4), ✆ 055/850716. Postanschrift: 50020 Greve – Passo dei Pecorai

50022 Greve in Chianti
Da Verrazzano (3), ✆ 055/853189

Panzano
Villa Le Barone (25 min ab Panzano) (P 2, relativ teuer), ✆ 055/852215. Postanschrift: 50020 Greve in Chianti – Panzano.

53011 Castellina in Chianti
Salivolpi (im gleichnamigen Ortsteil) (2), ✆ 0577/740484
Mariani (4), ✆ 0577/740233 (keine Einzelzimmer)

Die Zahlen in Klammern bezeichnen die Hotelkategorie. Voranmeldung in den Hotels in den Hauptreisezeiten dringend empfohlen.

Der Süden der Toscana
Zwischen Siena und Pitigliano

Eine große, schöne Streckenwanderung durch die unbekannte Toscana – von den endlos sich wellenden Hügeln der ›Crete‹ südlich von Siena durch das Vulkanmassiv des Monte Amiata zu den Kalk- und Tufflandschaften um Saturnia und Pitigliano, welche die Nähe des geheimnisvollen Latium spüren lassen. Zehn Tage in fast täglich wechselnden Landschaften, oft in großer Einsamkeit. Eine von Menschenhand geformte, aber weitgehend ›intakte‹ Natur. Nach Siena erreicht man keinen Ort mehr, der über 5000 Einwohner zählt. Auf der ganzen Strecke keine Fabrik, kein Hochhaus, oft stundenlang kein Auto. Die Dörfer sind – selten in Italien! – zumeist unverbaut.

Im Frühling eine Vielzahl von Blumen, Wiesen voller Gelb und Blau. Große Felder mit rotem Mohn, das intensive Gelb des Ginsters, das Grün und Gelb der Kornfelder. Im Herbst kommen, nicht weniger schön, auf den gepflügten Feldern die Erdfarben mit ihren Grau-, Braun- und Rot-Tönen zum Vorschein.

Einen besonderen Reiz des Weges bilden die Quellen: warme und heiße Quellen – in denen man baden kann – in Bagno Vignoni und Saturnia, kalte Quellen am Monte Amiata. Das Rauschen des Wassers begleitet den Wanderer: Bäche und Flüsse sind zu überqueren; man begegnet verschiedenen Wasserfällen.

Diese Wanderung durch harmonische, abwechslungsreiche, ›unzerstörte‹ Natur führt zu zahlreichen Kunstwerken, darunter einigen sehr bedeutenden. Gleich am ersten Tag erreicht man das Kloster von Monte Oliveto Maggiore mit dem schönen Renaissance-Freskenzyklus von Signorelli und Sodoma, gelangt dann zum reizvollen Montalcino und vor allem zu dem großen Höhepunkt der romanischen Klosterkirche von Sant'Antimo, findet gegen Ende der Wanderung in Sovana eine der interessantesten etruskischen Nekropolen und zwei beeindruckende romanische Kirchen sowie in Pitigliano einen großen mittelalterlichen Ortskern.

Die Übernachtungs- und Verpflegungsmöglichkeiten sind gut. Wenn es heiß wird, kann die Wanderung anstrengend werden: viele Strecken sind schattenlos, die Etappen sind nicht kurz und immer wieder finden sich Anstiege. Man sollte sich nicht völlig untrainiert auf diesen Weg machen. Aber die starken Eindrücke lohnen die Mühen.

Ich schlage vor, die Wanderung in zehn Tagesabschnitten zurückzulegen. Es bieten sich jedoch zahlreiche Variationsmöglichkeiten. Die nötigen Informationen – insbesondere alle Hotels am Wege – gehen aus dem Text hervor.

1. Tag *Anfahrt Siena – Asciano; Wanderung Asciano – Monte Oliveto Maggiore* (3 Std.)
2. Tag *Monte Oliveto Maggiore – Montalcino* (5:30 Std.)
3. Tag *Montalcino – Castelnuovo dell'Abate* (Übernachtung nochmals in Montalcino; knapp 3 Std.)
4. Tag *Castelnuovo dell'Abate – Bagno Vignoni* (3:30 Std.)
5. Tag *Bagno Vignoni – Vivo d'Orcia* (gut 4 Std.)

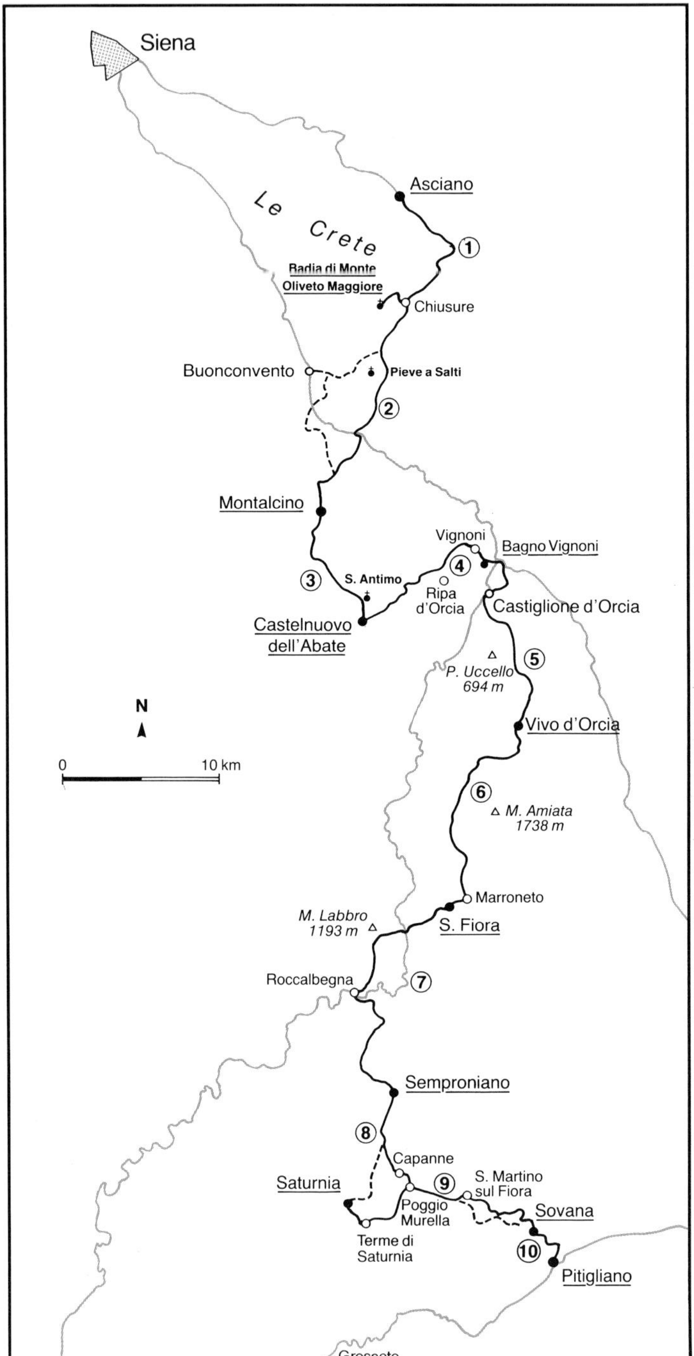
Siena
Asciano
Le Crete
Badia di Monte Oliveto Maggiore
Chiusure
Buonconvento
Pieve a Salti
Montalcino
Vignoni
Bagno Vignoni
S. Antimo
Ripa d'Orcia
Castiglione d'Orcia
Castelnuovo dell'Abate
P. Uccello 694 m
Vivo d'Orcia
N
0
10 km
M. Amiata 1738 m
Marroneto
M. Labbro 1193 m
S. Fiora
Roccalbegna
Semproniano
Capanne
Saturnia
S. Martino sul Fiora
Poggio Murella
Sovana
Terme di Saturnia
Pitigliano
Grosseto
1
2
3
4
5
6
7
8
9
10

6. Tag *Vivo d'Orcia – S. Fiora* (5 Std.)
7. Tag *S. Fiora – Semproniano* (6:30 Std.)
8. Tag *Semproniano – Saturnia* (3:30 Std.)
9. Tag *Saturnia – Sovana* (5:30 Std.)
10. Tag *Sovana – Pitigliano* (2 Std.)

Die wichtigsten Variationsmöglichkeiten:

1./2. Tag Asciano – Monte Oliveto – Buonconvento (Übernachtung) – Montalcino, auf zwei (mit Beginn der Wanderung in Monte Oliveto) oder drei Tage verteilt; weniger schön, aber auch weniger anstrengend als die Hauptvariante. Vgl. S. 75f.

3./4. Tag Man kann die Strecke Montalcino – Bagno Vignoni an einem Tag zurücklegen.

7.–10. Tag Zahlreiche Variationsmöglichkeiten, da sich auf diesem Streckenabschnitt viele Hotels finden.

Die Wege sind – mit Ausnahme eines Teilstücks am Monte Amiata – nicht markiert; die Orientierung dürfte aber in der im allgemeinen offenen Landschaft, auf relativ breiten Wegen, keine Schwierigkeiten machen. Kartenmaterial (vgl. S. 213): Karten des Istituto Geografico Militare (Maßstab 1:100000), 121 Montepulciano, 129 S. Fiora, 136 Tuscania. – Die Hotels am Wege sind auf S. 95f. aufgeführt.

Zu den kulinarischen Spezialitäten des durchwanderten Gebiets zählen der Rotwein von Montalcino (Brunello), einer der besten Italiens; die Pilze (vor allem funghi porcini) des Monte Amiata; Wildschwein (cinghiale) in der Gegend um Sovana und Pitigliano. Unter den verschiedenen guten Restaurants am Wege möchte ich die herausragende, feine Küche der ›Cucina di Edgardo‹ in Montalcino besonders erwähnen.

1. Tag
Die kahlen Hügel

Von Asciano zum Kloster Monte Oliveto Maggiore

Erster – relativ kurzer – Streckenabschnitt im Gebiet der ›Crete Senesi‹, jener merkwürdigen Erosions- und Hügellandschaft im Süden Sienas, die so wenig unserer Vorstellung von der Gartenlandschaft Toscana entspricht und die in ihrer bizarren Großartigkeit doch immer wieder Maler und Fotografen angeregt hat – von Ambrogio Lorenzetti (mit dem Fresko der Guten Regierung im Rathaus von Siena) bis zu heutigen Autoren von Toscana-Bildbänden.

Von Siena bis Asciano nimmt man den Zug (oder Bus), wandert dann zum Kloster Monte Oliveto. Leider führt die gesamte Wanderung über – kaum befahrene – Asphaltstraßen; kein durchgehender Weg verbindet sonst Asciano mit dem Kloster. Schöne Ausblicke. Wer nicht auf Asphalt gehen mag, verzichte auf diese erste Etappe und fahre mit dem Bus direkt nach Chiusure oberhalb des Klosters (vgl. Hinweise S. 72).

Wegbeschreibung

Vom Bahnhof Asciano geht man zum alten Ortskern. Vor dem Ortszentrum nach links in die Via Antonio Gramsci (Wegweiser zur Abtei Monte Oliveto). Immer der Straße folgend, erreicht man in ca. zweieinhalb Stunden den Ort Chiusure, von dort in weiteren 25 Minuten das Kloster Monte Oliveto Maggiore.

Wichtige Hinweise

Dauer: drei Stunden.
Wegbeschaffenheit: Asphaltstraßen.
Anstiege: ca. 200 m.
Schwierigkeitsgrad: leicht.
Orientierung: einfach.
Restaurants in Asciano sowie beim Kloster Monte Oliveto (Rist. La Torre, di geschl.). Bars und Geschäfte in Asciano sowie in Chiusure.
Übernachtungsmöglichkeit in der Herberge des Klostes (✆ 0577/707017). Hotel in Asciano (vgl. S. 95).
Anfahrt: Siena – Asciano mit Zug (Verbindung ein- bis anderthalbstündig, Fahrzeit ca. 35 min; letzte für die Wanderung geeignete Verbindung: 14.55 Uhr ab Siena, 15.34 Uhr an Asciano). Siena – Asciano mit Bus: gegenwärtig nur ein Bus am Tag: 14.05 Uhr ab Siena, 14.50 Uhr an Asciano. Dieser Bus fährt bis Chiusure (15.05). Einzige Möglichkeit, das Kloster M. Oliveto Maggiore mit öffentlichen Verkehrsmitteln zu erreichen.

Am Wege

Asciano, mittelalterliches Städtchen. *Pfarrkirche Sant'Agata* aus dem 11. Jh., stark restauriert. Kleines *etruskisches Museum* mit Funden aus einer nahegelegenen Nekropole. *Museo di Arte Sacra* (neben der Kirche), mit schönen Bildern senesischer Maler des 14. und 15. Jahrhunderts: Polyptychon (Matteo di Giovanni); Der hl. Michael tötet den Drachen (Ambrogio Lorenzetti); Geburt Marias (Maestro dell'Osservanza).

›Der hl. Benedikt in der Felsgrotte‹. Fresko von Sodoma im Kloster Monte Oliveto Maggiore

Kloster Monte Oliveto Maggiore, 1313 gegründet, lange Zeit (insbesondere im 15. und 16. Jh.) bedeutendes religiöses und kulturelles Zentrum. Am Eingang des Klostergeländes ein mittelalterliches Gebäude mit großem Turm (1393 begonnen; im 19. Jh. restauriert). Im Kloster sehenswert die *Kirche* (Chorgestühl mit schönen Intarsienarbeiten von Fra' Giovanni da Verona, 1503–1505), die außerordentlich reiche *Bibliothek* und vor allem der *Große Kreuzgang* (Chiostro Grande) mit dem *Freskenzyklus* ›Leben des Heiligen Benedikt‹ von *Luca Signorelli* (1497–98) und *Sodoma* (1505–1508), einem »der größten Zeugnisse der italienischen Renaissancemalerei« (Touring Club Italiano, Guida della Toscana). Die Bildinhalte der 36 Fresken sind unter den Gemälden jeweils auf italienisch beschrieben; auf deutsch kann man sie in einem kleinen Führer nachlesen, welcher im Kloster erhältlich ist. Von Signorelli sind die Fresken an der Westseite des Kreuzgangs, von Sodoma diejenigen der drei anderen Seiten.

2. Tag
In den ›Crete Senesi‹
Von Monte Oliveto Maggiore nach Montalcino

Südlich von Siena verändert sich die Landschaft der Toscana: Sie wird rauher, karger, nackter. Die Erde ist nicht mehr gleichmäßig mit Ölbäumen und Weinstöcken bepflanzt. Über weite Strecken sieht man kaum einen Baum. Getreidefelder und Schafweiden bedecken das Land. Wie Wellen eines erstarrten Meeres ziehen sich die Hügel hin (Farbt. 2,3). Eine Landschaft graphischer Akzente: Jedes Haus, jede einzelne Zypresse auf einem Hügelrücken heben sich klar von der Umgebung ab. Gelegentlich auftauchende Schluchten, von Regen und Erdrutschen gebildet, graben sich wie Wunden ins Land ein.

Die Wanderung des zweiten Tages führt, stärker noch als der Auftakt des Vortags, in diese herbe und eindrucksvolle Umgebung. Eine lange, bei Hitze anstrengende Wanderung auf weitgehend schattenlosen Wegen. Im ersten Teil auf Hügelkämmen ständig leicht abwärts führend, steigt der Weg im zweiten Abschnitt wieder an. Reiche Blumenpracht im Frühjahr; ab Mitte Mai leuchtet und duftet der Ginster; im Juni kommt dazu das Gelb der großen Getreidefelder. Eindrucksvoll sind auch die Farben der gepflügten Äcker im Herbst.

Wegbeschreibung

Vom Kloster Monte Oliveto aus geht man auf der Asphaltstraße Richtung Asciano, biegt dann von dieser auf die Straße nach Chiusure, erreicht den Ort nach 35 Minuten. Man durchquert den Ortskern, verläßt das Dorf in Richtung San Giovanni d'Asso. Die Straße beschreibt am Ortsausgang eine Linkskurve (150 m bevor sie auf die Umgehungsstraße – circonvallazione – trifft); in dieser Kurve biegt man nach rechts in einen abwärts führenden Fahrweg. Auf diesem abwärts, wieder aufwärts, zu einem Querweg, auf diesem nach rechts. Man erreicht das Gehöft Fornacina (1 Std.): links ein neueres weißes Haus, rechts ein kleines Bauernhaus. Zwischen beiden Häusern biegt man in einen kleineren nach links abzweigenden Weg. Bei einer Gabelung kurz darauf (links ein Gatter) geht man geradeaus. Immer auf dem Kamm weiter, gelegentlich ein verlassenes Haus passierend. Man erreicht einen etwas breiteren Querweg (knapp 1:30 Std.), geht in gleicher Richtung wie bisher weiter.

Bald darauf erscheint rechts ein Haus auf einem Hügel oberhalb des Weges. Unterhalb des Hauses eine Gabelung. Hundert Meter *vor* dieser Gabelung biegt man vom Weg nach links, geht auf einer kaum sichtbaren Fahrspur durch ein Feld auf ein in etwa 300 Meter Entfernung sichtbares Haus zu. (Dieser Weg ist nach starken Regenfällen, bei schwerem Boden, kaum zu begehen; in diesem Fall vgl. Variante unten.) Vor dem Haus beginnt ein Fahrweg, auf welchem man die nichtasphaltierte Straße Buonconvento – S. Giovanni d'Asso erreicht (2 Std.), in der Nähe des von einer schönen Steineiche gekrönten Hügels Poggio Crocione. Auf der Straße geht man 50 Meter nach rechts, biegt dann in einen Fahrweg nach links.

[*Variante* bei schlechten Bodenverhältnissen: Man bleibt unterhalb des ›Hauses auf einem Hügel‹ – s. letzten Absatz – auf dem Weg, geht links unterhalb des Hauses vorbei. Weg senkt sich; bei einer Abzweigung (nach rechts) geht man geradeaus, erreicht das große Anwesen Olimena (1:50 Std.). Weiter abwärts, vorbei an einem weiteren Bauernhaus, eine Linkskurve des Weges, dann eine Rechtskurve oberhalb eines Teiches. In dieser Rechtskurve biegt man nach links in einen kleineren Weg, überquert einen Bach, steigt dann steil an zur Straße Buonconvento – S. Giovanni d'Asso (2:20 Std.). Auf dieser wendet man sich nach links, passiert das Kirchlein Pieve a Salti, dann den Hügel Poggio Crocione (S. 73). Hinter dem Hügel biegt man nach rechts in einen Fahrweg (3 Std.)].

Der Fahrweg senkt sich, führt am Gehöft Poggioli vorbei, wendet sich dann nach links, steigt leicht an, erreicht einen Querweg. Auf diesem geht man rechts, gelangt, am Gehöft Capannone vorbei absteigend, zur Straße Siena – Rom (Via Cassia) beim Kilometer 195,3 (3 Std.).

Man biegt auf der Cassia nach links, geht bis zum Kilometerstein 194,7, biegt nach diesem nach rechts in einen Fahrweg. Dieser steigt an, vorbei am Gehöft Risveglio, passiert ein weiteres Anwesen (rechter Hand), führt um ein weiteres Haus auf einer Hügelkuppe herum, senkt sich dann ein kurzes Stück. Man wendet sich kurz darauf halbrechts (durchschreitet ein Gatter) und steigt über einen Hügelrücken an in Richtung auf den höchsten Punkt des Hügels Poggio Gambocci.

Eine Landschaft graphischer Akzente: in den ›Crete Senesi‹

Der Weg verliert sich mehr und mehr, ist zum Schluß nur noch eine kaum erkennbare Fahrspur in einem Feld. Die Hügelkuppe ist jedoch ein nicht zu verfehlender Orientierungspunkt. Unterhalb der Kuppe erreicht man eine Hecke, durchschreitet hier ein Gatter, wendet sich sofort danach nach rechts auf eine Fahrspur, welche durch eine Wiese führt (geht also unterhalb der Hügelkuppe nahezu eben weiter, in westlicher Richtung). Man kommt zu einem Teich, durchschreitet ein weiteres Gatter, geht rechts am Teich vorbei, biegt dann durch ein weiteres Gatter nach links, überquert – rechts an einem verlassenen Bauernhaus vorbeigehend – eine Weide, trifft auf einen Weg in westlicher Richtung. Noch ein Gatter, dann das Kirchlein S. Sebastiano,

an diesem vorbei auf Fahrweg weiter in Richtung Montalcino (auf der Höhe sichtbar). Man gelangt bei der Häusergruppe Val di Cava zur Straße Buonconvento – Montalcino (4:20 Std.; Bushaltestelle, Linienbus nach Montalcino).

Man überquert die Straße, geht auf Fahrweg in gleicher Richtung wie bisher weiter (Wegweiser: Badia Ardenga). Bei zwei aufeinander folgenden Gabelungen geht man jeweils links, überquert nach der zweiten Gabelung einen Bach, steigt auf schmalem Fahrweg steil an bis Montalcino, welches man durch die Porta Burelli erreicht (5:30 Std. bis Ortsmitte Montalcino).

Wichtige Hinweise

Dauer: 5:30 Std.
Wegbeschaffenheit: zumeist Fahrwege; kürzere Wegstücke querfeldein; zu Beginn 35 min Asphaltstraße.
Anstiege: insgesamt ca. 450 m in drei Abschnitten.
Schwierigkeitsgrad: anstrengende Wanderung.
Orientierung: mittelschwer.
Abkürzungsmöglichkeit: Linienbus ab Val di Cava bis Montalcino (erspart gut eine Stunde Wegs). Busse 16.25, 18.10, 19.20. Fahrkarten müssen im voraus gekauft werden, da kein Verkauf im Bus (in Siena oder Bar in Chiusure).
Restaurants, Hotels in Montalcino (S. 95).

Am Wege

Montalcino, vgl. S. 56 ff.

Variante Monte Oliveto – Buonconvento – Montalcino

Die Variante erlaubt es, die Wanderung des zweiten Tages in zwei Abschnitte aufzuteilen (mit Übernachtung in Buonconvento). Sie ist landschaftlich etwas weniger reizvoll als der direkte Weg, aber immer noch schön. Geringere Anstrengungen und leichtere Orientierung als auf dem Hauptweg.

Monte Oliveto – Buonconvento
Man folgt zunächst dem oben beschriebenen Hauptweg ab Monte Oliveto, nimmt dann (nach 1:30 Std.) die ›Variante für schlechte Bodenverhältnisse‹. Auf dieser bis zur Straße S. Giovanni d'Asso – Buonconvento (2:20 Std.), hier nach *rechts* und bis Buonconvento (3 Std.). Übernachtung in Buonconvento (vgl. S. 95).

Wichtige Hinweise

Dauer: 3 Std.
Wegbeschaffenheit: Fahrwege; 30 min Feldwege.
Anstiege: ca. 100 m.
Schwierigkeitsgrad: leicht.
Orientierung: einfach.
Restaurants, Hotel in Buonconvento (S. 95).

Am Wege

Buonconvento, Ort mit mittelalterlichem Ortskern. Hier starb 1313 der deutsche Kaiser Heinrich VII.

Buonconvento – Montalcino
Man verläßt Buonconvento auf der Straße, auf der man gekommen ist (Via di Percenna, Richtung S. Giovanni d'Asso). Nach ca. 500 Metern, bei einer Kreuzung auf einer Anhöhe (links Schild: Percenna) biegt man auf einen Weg nach rechts, folgt diesem mit schönen Blicken für etwa drei Kilometer bis zur Straße Siena – Rom (Via Cassia). Auf der Cassia nach links, nach 250 Metern nach rechts auf die Straße Richtung Montalcino. Dieser folgt man bis zum Kilometer 1,7, biegt hier in einen Fahrweg nach links (1:30 Std.; Wegweiser: Caparzo, Altesina). Immer dem Fahrweg folgen, bei einer Abzweigung nach rechts (Wegweiser: Altesina) weiter geradeaus gehen, vorbei am Kirchlein S. Stefano bis zur Siedlung Val di Cava (3 Std.). Hier überquert man die Straße Buonconvento – Montalcino, folgt dem Wegweiser Badia Ardenga, geht weiter wie im letzten Teil des Hauptwegs (oben S. 75) beschrieben, erreicht Montalcino nach gut 4 Stunden.

Wichtige Hinweise

Dauer: 4 Std.
Wegbeschaffenheit: Fahrwege; ca. 2,5 km Asphaltstraßen
Anstiege: 350 m.
Schwierigkeitsgrad: mittlere Anstrengung.
Orientierung: leicht.

3. Tag
Von Montalcino nach Castelnuovo dell'Abate

Wegbeschreibung vgl. S. 55 (Steinmauern und Fabeltiere). Dauer der Wanderung: 2:45 Std. Hinweise zum Weg S. 56.

Da es in Castelnuovo dell'Abate gegenwärtig keine Übernachtungsmöglichkeit gibt, muß man am Nachmittag oder Abend des dritten Tages mit dem Bus nach Montalcino zurückfahren, dort noch einmal übernachten, am Morgen oder Mittag des nächsten Tages mit dem Bus wieder nach Castelnuovo, von dort weiterwandern. (Busverbindungen: ab Castelnuovo 16.50 Uhr und 19.10 Uhr; ab Montalcino 6 Uhr und 13.35 Uhr; Fahrzeit 15 min. Fahrkarten in den Bars in beiden Orten erhältlich, *nicht* im Bus.) Die Alternative, die Wanderstrecken des dritten und vierten Tages an einem Tag zurückzulegen (Montalcino – Bagno Vignoni 6 Std.), hat vor allem den Nachteil, daß wenig Zeit für das reizvolle Montalcino und die Kirche von Sant'Antimo bleibt.

Voraussichtlich wird 1986 bei Sant'Antimo ein kleines Hotel eröffnet; man erkundige sich in Siena oder Montalcino.

4. Tag
Romantische Burgen und einsame Gehöfte
Von Castelnuovo dell'Abate nach Bagno Vignoni

Von neuem verändert sich die Landschaft: Der Vulkan Monte Amiata rückt näher, sein Anblick beherrscht diese Wanderung. Die Landschaft wird dunkler, geheimnisvoller, ›romantischer‹: zu diesem Eindruck tragen der ausgedehntere Wald, die tiefen Schluchten der Flüsse, die Burgen von Ripa d'Orcia und Rocca d'Orcia bei. Zugleich aber auch ›typisch‹ südliche Ausblicke auf die geformte Landschaft des Weinbaus und der Ölbaumkulturen, später auch auf das Hügelland um Pienza. Ein ›Panoramaweg‹, die meiste Zeit auf dem Kamm der Hügelrücken. Zu seinen weniger schönen Seiten zählen ein gut einstündiger, anstrengender Aufstieg und eine Wegstrecke auf einem sehr breiten Fahrweg. Dennoch eine sehr reizvolle Wanderung, mit dem abschließenden Höhepunkt der über 50 Grad heißen Thermalquellen von Bagno Vignoni (in denen schon Lorenzo di Medici badete und wo Tarkowski Szenen des Films ›Nostalgia‹ drehte).

Wegbeschreibung

Unterhalb von Castelnuovo dell'Abate (Bushaltestelle an der Abzweigung der Straße zur Kirche Sant'Antimo) geht man, vorbei am Restaurant ›Basso Mondo‹, hügelaufwärts (Wegweiser: San Giorgio, Mastroianni). Weg steigt zunächst in nordöstlicher Richtung leicht an. Bei einer Gabelung, 200 Meter nach der Straße, geht man geradeaus (den linken Weg). Schöne Blicke nach links auf Sant'Antimo. Nach 15 Minuten Abzweigung nach rechts zum Anwesen San Giorgio (Verkauf von Wein, Öl, Käse); man geht hier geradeaus weiter. Ein weiteres Bauernhaus; der Weg erreicht seinen – vorerst – höchsten Punkt, senkt sich etwas. Ein drittes Anwesen (35 min), Weg steigt dann steiler ab. Man passiert neuerlich ein Haus (linker Hand, 55 min).

Einige Minuten später biegt man in einen nach links abzweigenden Weg. Auf diesem bis zur Bahnlinie Siena – Grosseto. Links unterhalb der Bahnlinie weiter; man überquert den Fluß Asso (1:10 Std.), steigt am anderen Ufer wenige Meter an, geht dann nach rechts, unter dem letzten Bogen der Bahnbrücke hindurch

Bei Bagno Vignoni. Im Hintergrund die Grenzfeste von Radicófani

und trifft auf einen aufwärts führenden, breiteren Weg. (Wenn die Flußüberquerung wegen zu hohen Wasserstandes schwierig sein sollte, überquert man den Fluß *auf* der Bahnbrücke, geht dann nach rechts die Böschung hinab, wendet sich anschließend für ein kurzes Stück nach rechts – zurück – und auf der Höhe des letzten Brückenbogens nach links, wo man den oben bezeichneten breiteren Weg findet.)

Dieser Weg führt nach hundert Metern zu einem Querweg, auf dem man nach rechts geht. Man erreicht, ansteigend, ein Gehöft (1:25 Std.), dann – auf Fahrweg weiter ansteigend – den Bauernhof Caggiolo. Unmittelbar hinter diesem geht man an einer Gabelung rechts, steigt weiter an. Immer dem Weg folgend, gelangt man beim höchsten Punkt des Anstiegs zu einem von links kommenden Weg (2:10 Std.). Man wendet sich nach rechts. Schöne Blicke nach beiden Seiten: rechts der Amiata und die Burgen von Ripa d'Orcia und Rocca d'Orcia, links Montalcino und das Gebiet der Crete Senesi.

Man trifft bei einem Bauernhaus auf einen von rechts kommenden Fahrweg, geht geradeaus weiter. Bei einer Gabelung vor einem weiteren Bauernhaus (2:25 Std.) geht man rechts; auf breitem Fahrweg rechts an dem Bauernhaus vorbei. San Quirico d'Orcia und Pienza werden sichtbar. Der Fahrweg beschreibt eine Linkskurve, senkt sich in Richtung San Quirico d'Orcia; kurz nach dieser Linkskurve biegt man an einer Gabelung scharf nach rechts (2:40 Std.) (Wegweiser: Vignoni).

Man erreicht die schön gelegene winzige Ortschaft Vignoni (3 Std.), durchquert sie, verläßt sie durch ein Stadttor bei einem Kirchlein und steigt auf schmalem Pfad abwärts. Bei einem breiteren Querweg geht man nach links hinab. Dieser Weg beschreibt vor einem Gehöft eine Linkskurve; kurz darauf eine Gabelung; man geht rechts, vorbei an dem Anwesen Sanna weiter abwärts. Bei einer Abzweigung hält man sich rechts, bleibt immer auf dem Hauptweg. Im Tal wird Bagno Vignoni sichtbar, welches man bald darauf (3:30 Std.) erreicht.

Wichtige Hinweise

Dauer: 3:30 Std.

Wegbeschaffenheit: fast durchgängig Fahrwege, kurze Stücke auf schmaleren Pfaden.

Anstiege: knapp 400 m in zwei Abschnitten.

Schwierigkeitsgrad: mittel.

Orientierung: im ersten Teilstück gelegentlich Aufmerksamkeit erforderlich; sonst einfach.

Restaurants in Castelnuovo (mo geschl.) und Bagno Vignoni.

Hotels in Bagno Vignoni (vgl. S. 95).

Kein Lebensmittelgeschäft in Bagno Vignoni; begrenzte Einkaufsmöglichkeiten in Castelnuovo.

Am Wege

Vignoni, winziges mittelalterliches Dorf in schöner Lage, mit kleiner romanischer Kirche und (neben der Kirche) Ruinen des Palazzo degli Amerighi (15. Jh.)

Bagno Vignoni, aus wenigen Häusern bestehendes Thermalbad. Die Heilquelle (günstig vor allem gegen rheumatische Beschwerden und Neuralgien) hat eine Temperatur von 52 Grad. Bademöglichkeit im Schwimmbad des Hotels La Posta (langes Baden ist sehr anstrengend, es wird davon abgeraten). Am südlichen Ortsrand eine sehr schöne Stelle, wo das heiße Wasser in Bächen zu Tal strömt (frei zugänglich).

5. Tag
Auf dem Weg zum Monte Amiata

Von Bagno Vignoni nach Vivo d'Orcia

Ein Anstieg aus dem südlich wirkenden Hügelland mit seinen Zypressen, Ölbäumen und Getreidefeldern in die Region der Kastanien- und Buchenwälder, aus dem hellen Grün und Gelb der Felder und Wiesen in die dunklen Farben des Waldes. Der Weg steigt an nach Rocca d'Orcia und Castiglione d'Orcia mit ihren Burgen, verläuft dann in einem langen Tal, inmitten welliger, fast baum- und strauchloser Hügel, erreicht schließlich in steilerem Anstieg die Hänge des Monte Amiata mit großen Wäldern. Weite Blicke auf das Hügelland um Pienza, das Tal der Via Cassia. Man gelangt nach Vivo d'Orcia, fühlt sich nicht mehr im Süden: Grau verputzte Häuser drängen sich vor der dunklen Kulisse des Waldes am Hang zusammen, es ist kühler als im Tal, wir sind im Gebirge.

Wegbeschreibung

Man verläßt Bagno Vignoni auf der Asphaltstraße, welche in östlicher Richtung zur Via Cassia führt. Auf der Cassia, welche man nach wenigen Minuten erreicht, biegt man nach rechts, überquert den Fluß Orcia. Kurz darauf zweigt nach rechts die Straße nach Castiglione d'Orcia ab; man geht geradeaus weiter auf der Cassia, überquert ein weiteres Flüßchen, biegt gleich danach in einen nach rechts abzweigenden Feldweg (15 min), und geht parallel zum Flüßchen in südlicher Richtung.

Nach gut zehn Minuten auf diesem Weg gelangt man zu einer Wegkreuzung, biegt hier nach rechts und fünfzig Meter danach auf einen schmaleren, nach links abzweigenden Weg. Auf diesem überquert man den kleinen Fluß, steigt dann an in Richtung auf die Burg von Rocca d'Orcia. Man gelangt zu einem Bauernhaus, biegt hier bei einer Weggabelung nach links, geht dicht an dem Haus vorbei und steigt weiter aufwärts. Man erreicht die Staatsstraße 323, biegt auf ihr nach links (45 min). Nach 200 Metern auf der Straße biegt man in einen nach rechts ansteigenden Fahrweg (Wegweiser: Rocca d'Orcia). Dieser erreicht neuerlich eine Straße. Kurz darauf eine Gabelung, bei der man der Straße nach links aufwärts folgt (Wegweiser: Castiglione d'Orcia). Wenig später biegt man in ein nach rechts relativ steil ansteigendes Sträßchen, welches unterhalb der Burg zu einer Querstraße führt, auf der man nach links geht. Bei der nächsten größeren Querstraße rechts, zum Zentrum von Castiglione d'Orcia (Piazza Unità Italiana; 1:10 Std.; Bar, Lebensmittelgeschäfte).

Auf der Piazza geht man links am Brunnen vorbei in die Straße Borgo Vittorio Emanuele, biegt von dieser nach wenigen Metern nach links in die Via Capitano Innocenzo Ricci, kommt zur Kirche Santi Stefano e Degna (schönes Madonnenbild des sienesischen Malers Pietro Lorenzetti in einer Seitenkapelle links vorn), verläßt vor der Kirche durch ein Tor die Stadt, überquert die Asphaltstraße und folgt einem abwärts führenden Fahrweg. An einer ersten Gabelung geht man rechts, bei einer zweiten Gabelung – nach einer kleinen Kuppe – links abwärts. Man kommt zu einem breiten Querweg (1:30 Std.), auf dem man sich nach rechts wendet. Über eine Brücke, vorbei am Gehöft Palazzo (1:45 Std.); in einem breiten Tal, immer dem Fahrweg folgend, aufwärts. Rechts der bewaldete Hügel Poggio Uccello.

Man trifft auf einen Querweg (gut 2 Std.), geht rechts. Weg senkt sich in ein kleines Quertal, verläuft dann eben. Nach 2:20 Std. biegt in einer Linkskurve des Weges nach rechts ein durch eine Schranke versperrter Weg ab. Man folgt weiter dem Hauptweg, überquert einen Bach, steigt an. Nach einer Rechtskurve des Weges biegt neuerlich nach rechts ein durch eine Schranke versperrter Weg ab (kurz bevor der Hauptweg zwei weitere Bäche überquert) (gut 2:30 Std.). Man biegt auf diesen Weg ein, steigt vorbei am Anwesen Portonella (2:40 Std.) an in Richtung auf ein in der Höhe – unter einem Mast der Hochspannungsleitung – sichtbares Häuschen. Man durchschreitet ein Gatter, überquert einen Bach, erreicht das Häuschen (3:05 Std.), steigt weiter an bis zu einem Querweg (3:15 Std.), auf dem man sich nach rechts wendet und aufsteigt zu einem auf der Hügelkuppe sichtbaren Haus. (Wenn man diese Ab-

Am Monte Amiata

zweigung verpaßt, gelangt man nach hundert Metern zu einem weiteren Querweg und erblickt rechts den Ort Campiglia d'Orcia.)

Rechts am Haus vorbei weiter aufwärts – nach links Blick auf Campiglia – bis zur Straße Castiglione – Campiglia (3:25 Std.). Auf der Straße nach rechts, nach hundert Metern nach links in einen ansteigenden Fahrweg (Wegweiser: Belvedere). Diesem Fahrweg immer folgend, überquert man unterhalb von Vivo die Straße Vivo – Castiglione, steigt an bis zum Zentrum von Vivo (4:10 Std.).

Wichtige Hinweise

Dauer: gut 4 Std.
Wegbeschaffenheit: Kleinere und größere Fahrwege, z.T. Feldwege. Fünfzehn Minuten Asphaltstraße zu Beginn der Wanderung.
Anstiege: ca. 750 m.
Schwierigkeitsgrad: anstrengende Wanderung (langer Anstieg).
Orientierung: mittelschwer.
Restaurants und Hotels in Castiglione d'Orcia und Vivo d'Orcia (vgl. S. 95)

Am Wege

Rocca d'Orcia: *Burg* (14. Jh.)
Castiglione d'Orcia: *Burg; Kirche Santi Stefano e Degna* mit Madonnenbild von Pietro Lorenzetti (frühes 14. Jh.)

6. Tag
Waldwege am Vulkan

Von Vivo d'Orcia nach S. Fiora – Marroneto

Wanderung durch die Wälder des Monte Amiata – ein Wandertag, der für uns Nordländer nichts ›Italienisches‹ hat. Kastanien-, Buchen-, Tannenwälder wechseln sich ab; Bäche strömen zu Tal; kleine Wasserfälle rauschen am Weg; verstreut liegen die Felsblöcke aus Trachyt, vor Jahrmillionen aus dem Krater geschleudert. Schöne

Blumen blühen vor allem im Mai – als ich den Weg ging, sah ich unter anderem verschiedene Orchideenarten, Affodil, Veilchen in den verschiedensten Farbtönen, Akelei, wilde Vergißmeinnicht und Stiefmütterchen. Angenehme Waldwege, aber kaum Aussichtspunkte. Man legt fast die gesamte Strecke im Schatten zurück (wird das, je nach Wetterlage, als Vor- oder Nachteil empfinden), bewegt sich in Höhenlagen um 1100 bis 1300 Meter. Nach dem ersten Anstieg ab Vivo d'Orcia nur noch geringfügiges Auf und Ab; zum Schluß ein längerer Abstieg bis Marroneto (Ortsteil von Santa Fiora).

Wegbeschreibung

In Vivo nimmt man die Straße Richtung Seggiano (Via della Posta). Am Ortsausgang biegt man nach einer Brücke in einen nach links ansteigenden Fahrweg, geht gleich darauf an einer Gabelung rechts aufwärts, oberhalb von schönen Wasserfällen. Man erreicht wiederum die Straße Vivo – Seggiano, biegt auf ihr nach links und nimmt nach hundert Metern – in einer Rechtskurve der Straße – einen geradeaus aufwärts führenden Fahrweg. Bei einer Gabelung links, bei einer zweiten Gabelung geradeaus (den rechten Weg), zwischen zwei rot-weißen Pfosten ansteigen (20 min). Weg führt bald darauf zwischen den eingezäunten Bezirken der Quellen des Vivo hindurch. (Wenn man vor dem rechten umfriedeten Bezirk auf Stufen ansteigt, gelangt man in zwei Minuten zu dem romanischen Kirchlein Ermicciolo.)

Am Ende des Quellbezirks biegt man in einen nach rechts (am Zaun entlang) aufwärts führenden Weg, der durch kleine weiße Pfosten im Erdboden (welche eine Wasserleitung bezeichnen) gut zu erkennen ist. Man folgt immer diesen kleinen Pfosten, kreuzt zwei Querwege, geht bei einer Gabelung links, dann bei zwei Gabelungen jeweils rechts. Weg senkt sich etwas, steigt dann wieder an; die Pfosten verschwinden. Man gelangt zu einem breiten Querweg vor einem Zaun, geht rechts (50 min), biegt dann, sobald dieser Weg nach rechts anzusteigen beginnt, in einen nach links abzweigenden Weg. (*Nicht* in den ersten nach links abzweigenden Weg, welcher unmittelbar am Zaun ansteigt, sondern in den zweiten, etwas unterhalb parallel dazu verlaufenden Weg.) Man gelangt zu einem Querweg (1:05 Std.), biegt nach rechts. (Geradeaus weitergehend, erreicht man nach einer Minute einen merkwürdig geformten Felsblock mit drei Spitzen.)

An einer Gabelung gleich darauf geradeaus (den linken Weg), fünfzehn Meter danach nach links. Auf diesem Weg aufwärts, immer dem deutlich erkennbaren Hauptweg folgend. Bei einer Gabelung, bei der sich dieser in zwei gleichgroße Wege teilt (1:15 Std.), nimmt man den rechten – unteren – Weg. Man erreicht einen Querweg, bei dem man nach rechts geht. Ab hier ist der Weg markiert, gegenwärtig (1985) rot-weiß-rot bzw. rot-weiß. Diese Markierungen sollen jedoch entfernt werden; an ihre Stelle sollen rote Pfeile treten, welche nur an den Weggabelungen aufgestellt werden.

Ein Querweg vor einigen Felsblöcken; man geht rechts. Bald darauf Aussichtspunkt mit weitem Blick nach Norden. Dann eine Asphaltstraße; man geht rechts abwärts, biegt nach dreißig Metern von ihr nach rechts und folgt dem gekennzeichneten Pfad unterhalb der Straße bis zur Schutzhütte *Capo Vetra* (1:30 Std.). Von hier auf breitem Weg weiter in gleicher Richtung. Kurz darauf ein Brunnen rechter Hand (Trinkwasser). Erneut die Straße; man überquert sie, steigt auf der anderen Seite an. Bei einer Gabelung (ca. 10 min nach der Straße) links aufwärts. Bei einem Querweg rechts. Auf schönem Waldweg, relativ eben, zu einer Wegkreuzung bei zwei Felsblöcken (1:55 Std.). Man geht geradeaus, auf einem Pfad aufwärts. (Gegenwärtig ist irreführenderweise auch der nach rechts führende Weg ein Stück lang markiert.) – Sobald der Pfad, nach dem Anstieg, relativ eben verläuft, wendet man sich in spitzem Winkel nach links (diese Stelle gegenwärtig schlecht markiert), steigt weiter an. Bei einer Anhöhe eine Gabelung (Markierungen z.Zt. in beide Richtungen); man geht rechts. (2:15 Std.)

Auf Fahrweg zunächst aufwärts, dann eben. Bei einem Felsblock linker Hand (2:25 Std.) biegt man in einen nach rechts abwärts führenden Pfad (etwa 250 Meter, bevor der Fahrweg auf eine Asphaltstraße trifft). Auf dem Pfad abwärts, dann in einem Bachtal wieder aufwärts bis zur Straße Castel del Piano – Amiata, die man bei dem Gnadenbild *Madonna del Camicione* erreicht.

Auf der Straße 150 Meter nach rechts, dann, nach einer Rechtskurve, nach links aufwärts in den Wald (2:45 Std.). Etwa zehn Minuten nach der Straße biegt der markierte Weg nach rechts abwärts. Nach 3:15 Stunden senkt sich der Pfad stark nach rechts, in südwestlicher Richtung. Am Ende des Abstiegs ein etwas breiterer Querweg (gegenwärtig in beide Richtungen markiert); man geht links. Man kreuzt einen Fahrweg (3:30 Std.; Markierungen nach rechts und geradeaus; man geht geradeaus). Kurz danach biegt man in einen nach links abbiegenden Weg, steigt an zu einer Asphaltstraße, welche man bei einem Hotel-Restaurant (›Gatto d'Oro‹, nur in der Skisaison und im Sommer geöffnet) erreicht (3:40 Std.).

Man überquert die Straße, geht auf Fahrweg in östlicher Richtung weiter. Man folgt immer diesem Weg, welcher sich nach ca. 4:15 Stunden zu senken beginnt. Bald darauf eine Wegkreuzung; man geht nach rechts, verläßt den Amiata-Rundweg. Bei einer Gabelung nach wenigen Minuten links, durch einen Kastanienwald abwärts. Bei einer weiteren Gabelung (4:40 Std.) geht man rechts und erreicht Marroneto (5 Std.).

Wichtige Hinweise

Dauer: 5 Std.

Wegbeschaffenheit: Waldwege, zum Teil Fahrwege.

Anstiege: Ein erster Anstieg (ca. 300 m); dann ein gemächlicheres Auf und Ab. Gesamtanstieg ca. 500 m.

Schwierigkeitsgrad: anstrengende Wanderung.

Wegmarkierung: Anstieg von Vivo d'Orcia nicht markiert. Man erreicht nach ca. 1:15 Std. den (gegenwärtig) rot-weiß-rot markierten Amiata-Rundweg, dem man bis oberhalb Santa Fiora folgt. Das letzte Stück gegenwärtig rot-weiß markiert. Markierungen werden vermutlich durch rote Richtungspfeile an den Gabelungen und gelegentliche Orientierungstafeln ersetzt werden.

Orientierung: Da der Weg fast durchgängig im Wald verläuft, ist die Orientierung nur mit Hilfe der Markierungen verläßlich möglich. Wenn man sich verläuft, gibt es immer eine relativ einfache Lösung:
Man geht auf einem der zahlreichen Waldpfade aufwärts, trifft dann zwangsläufig auf die Straße, welche den Monte Amiata unterhalb des Gipfels umrundet. Auf dieser Straße nach rechts, bis zum ›Prato della Contessa‹ (Hotels). Von dort abwärts auf einer Straße, welche nach Santa Fiora führt (Kurven auf Abkürzungswegen schneiden). Dieses als Notlösung. Da augenblicklich von den Gemeinden des Monte Amiata, mit Unterstützung der Region Toscana, ein Netz von Wanderwegen am Amiata eingerichtet wird, ist damit zu rechnen, daß die Markierungen – die bereits jetzt ausreichen, den Weg zu finden – verläßlich bleiben.

Hotel-Restaurant in Marroneto (vgl. S. 95). Weitere Restaurants in S. Fiora (1 km von Marroneto entfernt).

Am Wege

Monte Amiata (1738 m), erloschener Vulkan. Reichhaltige Quellen, aus denen u. a. die Städte Siena und Grosseto mit Trinkwasser versorgt werden. Im oberen Teil des Massivs heute zahlreiche Hotels und Skilifte; der Berg (dessen Gipfel gewöhnlich von November bis Mai verschneit ist) wird von Toskanern und Römern als Skigebiet genutzt.

7. Tag
Der Weg nach Süden
Von S. Fiora über Roccalbegna nach Semproniano

Ein Weg in ›südliche Gefilde‹: Nach den Wäldern des Amiata-Massivs gelangt man wieder in Gebiete, die von Ölbäumen, Feigen und Weinstöcken geprägt sind. Zunächst allerdings ein neuerlicher Anstieg zum isoliert gelegenen Aussichtsberg Monte Labbro; weite Blicke zurück zum Amiata und auf das Tal der Fiora, weiter oben dann auch nach Süden und Westen, über die Maremmen zum Monte Argentario und bis zu den Bergen am Bolsena-See. Schöne, einsame Landschaft am Monte Labbro; im Frühjahr blumenübersäte Bergwiesen, Schafweiden. Abstieg in die vor großen Kalkfelsen gelegene Ortschaft Roccalbegna, von dort durch weiterhin sehr einsame Landschaft, mit schönen Blicken auf das Tal des Flusses Albegna, bis Semproniano.

Wegbeschreibung

Vom Ortsteil Marroneto geht man auf der Hauptstraße zum Städtchen Santa Fiora (ca. 1 km). Man biegt in S. Fiora von der Haupt straße nach links zum Ortszentrum, geht durch den Torbogen eines Palazzo hindurch, dann – sich leicht rechts haltend – die Via Carolina abwärts zur Pieve (Wegweiser).

Vor der Kirche (Besichtigung lohnend) geht man nach rechts, durch einen Torbogen hindurch, wendet sich dann in nach links abwärts führende Treppen (Via delle Scale). Am unteren Ende des Treppenwegs geht man nach rechts in eine leicht abwärts führende Straße, passiert die Kirche Sant'Agostino (linker Hand), geht geradeaus weiter (unter einem Torbogen hindurch) und gelangt zur ›Peschiera‹, den Quellen der Fiora (25 min) (Zutritt zur Peschiera durch ein Portal rechts, hinter einem Kirchlein.)

Man geht auf einer Straße an der linken Seite der Peschiera (Via Sante Mannarina) leicht abwärts, biegt am Ende der Peschiera nach links in einen sich langsam senkenden Fahrweg, in Richtung auf den sichtbaren Felsgipfel des Monte Labbro. Man überquert einen Bach (35 min), steigt dann auf dem Fahrweg an bis zur Straße Santa Fiora – Triana, welche man bei der Ortschaft Poggi La Bella erreicht (knapp 1:30 Std.; Bar). Aufstieg trotz schöner Blicke auf den Amiata, Santa Fiora, das Tal der Fiora und die beiden geothermischen Elektrizitätswerke von Bágnore etwas eintönig; schattenlos in der baumarmen Weidelandschaft.

Auf der Straße nach rechts; nach 150 Metern in einen nach links aufwärts führenden Feldweg. Man passiert das Anwesen Lombardina, steigt weiter auf, geht an einer Gabelung oberhalb des Bauernhauses rechts. Der Weg endet an einem Gatter (1:50 Std.). Man durchschreitet das Gatter, geht in gleicher Richtung wie bisher über Wiesen weiter, steigt auf zum Kamm links vom Monte Labbro. Auf dem Kamm angelangt (2 Std.), wendet man sich nach rechts, geht in Richtung auf den Gipfel des Monte Labbro und ein unterhalb davon befindliches graues Haus. Ein Stück vor diesem Haus trifft man auf einen Fahrweg (2:10 Std.), geht auf ihm nach links. (Von hier aus Möglichkeit zum Aufstieg zum Monte Labbro, hin und zurück ca. 45–60 Minuten).

Man folgt dem Fahrweg in südlicher Richtung abwärts; schöne Blicke bis zu den Bergen am Bolsena-See und zum Monte Argentario. Langer Abstieg bis zum Müllplatz von Roccalbegna (3:10 Std.); fünfzig Meter nach diesem biegt man an einer Wegkreuzung nach rechts. Auf einem Maultierpfad – die alte Pflasterung ist noch gut erkennbar – erreicht man Roccalbegna (3:30 Std.).

In Roccalbegna nimmt man die Straße Richtung Triana, folgt ihr für ca. einen Kilometer. Beim Kilometerstein 45,4 biegt man nach rechts in einen steil abwärts führenden

Weg. Auf diesem zu einem Bach, danach bei einer Gabelung rechts. Immer auf diesem Weg, bis er auf einen breiten Fahrweg stößt (4:30 Std.); hier geht man rechts, folgt dem Fahrweg abwärts bis zum Bauernhaus Pezzano (5:15 Std.). Vor dem Haus in einen nach links hinab führenden Weg; bei einer Gabelung 100 Meter unterhalb des Hauses nach links; bei einer zweiten Gabelung nach wenigen Minuten geradeaus (auf dem rechten Weg, entlang an einer Weinpflanzung).

Der Weg senkt sich ins Tal; bei einer Gabelung unmittelbar vor einem Bachübergang hält man sich links, überquert den Bach, geht durch ein Gatter, steigt auf einer Wiese an, verläßt die Wiese nach links, findet einen weiter aufwärts führenden Weg. Man durchquert drei weitere Gatter, gelangt dann bei einem Häuschen zu einem Fahrweg. (5:40 Std.)

Auf dem Fahrweg nach links, in Richtung auf das auf einem Hügel sichtbare Semproniano. Immer dem Weg folgend (bei einer Gabelung nach rechts aufwärts gehen), erreicht man den Ort (6:20 Std.).

Wichtige Hinweise

Dauer: knapp 6:30 Std.
Wegbeschaffenheit: zumeist Fahrwege; kurze Strecken querfeldein. Zwei Bachüberquerungen, bei denen man bei hohem Wasserstand Schuhe und Strümpfe ausziehen muß.
Anstiege: ca. 650 m in zwei Abschnitten.
Schwierigkeitsgrad: anstrengende Wanderung.
Orientierung: mittelschwer.
Restaurants und Hotels in Roccalbegna und Semproniano (vgl. S. 96).

Am Wege

Santa Fiora, mindestens 1200 Jahre alter Ort (erstmalig im 8. Jh. erwähnt) mit altem Ortskern.
Pieve (Taufkirche) mit zahlreichen Terrakottaarbeiten aus der Werkstatt der Florentiner Künstlerfamilie Della Robbia (um 1500). Am ersten Altar rechts: Hl. Hieronymus, Marienkrönung, der hl. Franziskus empfängt die Stigmata; an der Kanzel: Apostel, Himmelfahrt, Auferstehung; im linken Seitenschiff: Taufe Christi.
Peschiera, das im 18. Jh. umbaute Gelände der Fiora-Quellen.
Monte Labbro (1193 m), einzeln stehender Berg zwischen dem Amiata-Massiv und dem Gebiet der Maremmen. Am Monte Labbro siedelte am Ende des 19. Jahrhunderts die sozialreformerische Sekte der ›Giurisdavidici‹ unter der Führung von Davide Lazzaretti. Lazzaretti, der bei einer Demonstration von Carabinieri erschossen wurde, ist in einer Kapelle am Monte Labbro begraben.
Roccalbegna, schön gelegener Ort mit romanischer *Kirche Ss. Pietro e Paolo* (13. Jh.) und kleinem *Museum* (Triptychon von Ambrogio Lorenzetti, 14. Jh.).

8. Tag
Die Quellen von Saturnia
Von Semproniano nach Saturnia

Durch die kaum besiedelte Landschaft dieses südlichsten Gebiets der Toscana führt der Weg, wiederum mit weiten Ausblicken auf Hügel- und Bergland, zu den heißen Quellen von Saturnia, einem der großen Anziehungspunkte dieser Gegend.

Zwei Varianten: die erste ist landschaftlich schöner, aber etwas länger; sie erfordert zudem, daß man am nächsten Tag ein Stück (gut eine Stunde) auf gleichem Weg wieder zurück geht. Die zweite Variante ist weniger interessant, vermeidet aber die Wiederholung; sie ist zudem mit keinerlei Orientierungsproblemen verbunden.

In der einsamen Landschaft der südlichen Toscana

Wegbeschreibung

Man verläßt – in beiden Varianten – Semproniano auf der Straße Richtung Manciano/Saturnia, biegt am Ortsrand in die nach rechts abwärts führende Via Saturnia. Die Asphaltierung hört bald auf, auf Fahrweg weiter bis zu einem Querweg bei einem Kirchlein (10 min); hier nach rechts. Man folgt nun immer dem Fahrweg – bei mehreren Abzweigungen auf dem Hauptweg bleibend –, zunächst in einem Tal, dann am Hang mit schönen Blikken auf die Berge im Westen und Süden, auf das Tal des Flusses Albegna und später auf Saturnia.

1. Variante (über Poggio Murella)

Nach 3,5 Kilometern auf diesem Fahrweg (60 min) biegt man nach links in einen leicht ansteigenden Weg. (Diese Abzweigung ist leicht mit anderen, vorangehenden verwechselbar.) Gegenüber von dem abzweigenden Weg findet sich ein Gatter, welches zu einem Olivenhain führt. Wenn man die Abzweigung verpaßt, gelangt man nach 300 Metern zu einem Bauernhaus linker Hand.

Der abzweigende Weg gabelt sich nach 200 Metern; man geht rechts, steigt allmählich ab, geht bei einer Abzweigung geradeaus (auf dem rechten Weg), erreicht einen Bachübergang (1 : 10 Std.), überquert den Bach, gelangt auf der anderen Seite zu einem Feld. Sofort nach rechts biegen, am unteren Feldrand entlang bachabwärts gehen. Nach 100 Metern biegt der Feldrand nach links; hier findet man einen sehr schmalen Pfad, welcher nach rechts ins Gebüsch führt. Auf diesem überquert man nochmals einen Bach, steigt dann auf dem Pfad an. (Sollte der Pfad hier zu sehr zugewachsen sein, gehe man einige Meter nach rechts auf eine Wiese, steige dann an deren linker Seite, an einer Hecke entlang, an.) Man erreicht einen breiteren Weg, steigt auf diesem weiter an bis zur Straße Saturnia – Semproniano (1:25 Std.). Auf der Straße nach links, zum Ort Capanne (1:35 Std.). Im Ort biegt man nach rechts in die Straße Richtung Poggio Murella (Wegweiser), gelangt auf dieser nach Poggio Murella (gut 2 Std.).

Man geht in Poggio Murella bis zur Post, biegt vor dieser nach rechts, durchquert den gesamten Ort. Am Ortsrand biegt das Sträßchen nach rechts; hier zweigt nach links ein Fahrweg ab, auf dem man absteigt. Man kann diesem Fahrweg bis zu den Thermen von Saturnia folgen, oder aber (schönere Variante) man wendet sich nach kurzem Stück von dem Fahrweg in einen nach links abzweigenden, auf ein renoviertes Haus zuführenden Weg. Rechts an dem Haus vorbei; unterhalb des Hauses in einen nach rechts absteigenden Maultierpfad. Auf diesem gelangt man wieder zum Fahrweg, geht nach links, erreicht in ca. 50 Minuten ab Poggio Murella die Thermen (2:50 Std.).

Man kann im Schwimmbad des Hotels Terme baden, oder aber noch weiterwandern zu den Wasserfällen Cascata del Molino: rechts am Hotel vorbei, dann nach links (an Tennisplätzen entlang), dann auf Fahrweg nach rechts bis zur Straße Saturnia – Manciano. Auf dieser nach links, nach kurzem Stück nach rechts auf Fahrweg zu den Wasserfällen (Wegweiser; 15 min ab Hotel).

Wer im Ort Saturnia übernachten möchte, gehe vom Hotel auf Fahrweg in Richtung auf den Ort, überquere die Straße, steige auf kleinem Pfad zum Ort hinauf. (Von den Wasserfällen: zunächst auf Straße Richtung Saturnia, nach etwa zehn Minuten nach links auf den Pfad abbiegen – gegenüber einer Zufahrt zum Hotel Terme.) Saturnia bietet keine besonderen Sehenswürdigkeiten. Wer direkt weiterwandern möchte, kehre von den Quellen nach Poggio Murella zurück, von dort weiter wie S. 87 beschrieben.

2. Variante (direkt nach Saturnia)
Man geht bei der Abzweigung (60 min ab Semproniano) weiter geradeaus, bleibt auf dem Fahrweg, erreicht schließlich die Straße Semproniano – Saturnia bei Kilometer 8,2 (1:45 Std.). Auf der Straße bis Saturnia (2:15 Std.). In Saturnia von der Piazza Vittorio Veneto durch den Vicolo della Chiesa zur Pfarrkirche, an dieser vorbei; man hält sich halbrechts, passiert die Villa Ciacci, verläßt den Ort – in südlicher Richtung absteigend – durch ein Stadttor. Auf anfangs gepflastertem Pfad zwischen Hecken und Mäuerchen zur Straße Saturnia – Manciano. Geradeaus zum Hotel Terme (2:35 Std.) – oder aber zu den Wasserfällen: In diesem Fall biegt man auf der Straße nach rechts, folgt ihr für ca. zehn Minuten, wendet sich dann nach rechts in einen Fahrweg (Wegweiser: Cascata del Mulino), der zu den Wasserfällen führt (2:45 Std.). Von dort zurück nach Saturnia oder, wenn man unmittelbar weiterwandern möchte, zum Hotel Terme und weiter wie S. 87 beschrieben.

Wichtige Hinweise

Dauer: knapp 3:30 Std.; Variante: gut 3 Std.

Wegbeschaffenheit: 1. Variante: Fahrweg; Maultierpfade; ca. 2,5 km auf Asphaltstraße; ca. 100 m auf sehr schmalem, dornigem Pfad; zwei Bachüberquerungen.
2. Variante: Fahrwege; gut 2 km Asphaltstraße.

Anstiege: 1. Variante knapp 200 m; 2. Variante: weniger als 100 m.

Schwierigkeitsgrad: 1. Variante mittlere Anstrengung.
2. Variante einfach.

Orientierung: 1. Variante mittelschwer.
2. Variante leicht.

Restaurants und Hotels in Capanne, Poggio Murella, Saturnia (vgl. S. 96).

Am Wege

Terme di Saturnia, schwefelhaltige, radioaktive Quelle unterhalb des Ortes Saturnia. Bademöglichkeit im Schwimmbad des Hotels Terme, in unmittelbarer Nähe der Quelle, der das Wasser mit 37,5° C entströmt, sowie an den Wasserfällen 500 Meter unterhalb der Quelle.

9. Tag
Zur Stadt der Etrusker
Von Saturnia nach Sovana

Wanderung von Saturnia nach Sovana, einem der interessantesten Orte der südlichen Toscana mit einer eindrucksvollen etruskischen Gräberstadt. Bis San Martino al Fiora (etwa die Hälfte der Wanderung) auf einfach zu gehenden, angenehmen Wegen durch eine Landschaft von Weiden und Feldern, die anspricht durch Details: einzelne Bäume, schön geformte Hecken, die Intimität eines einsamen Bachtals. Von San Martino bis Sovana folgt man entweder einem leicht zu findenden und zu gehenden, aber relativ uninteressanten Weg (der ›Variante‹ in der Beschreibung) oder aber einer sehr abwechslungsreichen Strecke, die ein Durchwaten des Flusses Fiora (nur bei gutem Wetter empfehlenswert) verlangt und in deren letzten Teil die Orientierung nicht immer einfach ist. Vor Sovana wandert man (in beiden Varianten) etwa eine Stunde durch das Gebiet der etruskischen Nekropole. Sovana selbst ist ein kleiner mittelalterlicher Ort mit zwei schönen romanischen Kirchen.

Wegbeschreibung

Von Saturnia aus geht man zum Hotel Terme (vgl. S. 86, 2. Variante). Man geht links am Hotel vorbei, überquert auf der Rückseite des Hotels einen Bach, biegt 150 Meter weiter nach links in einen ansteigenden Weg. Auf diesem aufwärts in Richtung auf das Dorf Poggio Murella.

Unterhalb des Dorfes (1:05 Std.) wendet man sich in einer Linkskurve des Fahrweges in einen nach rechts abzweigenden schmaleren Weg. Bei zwei Gabelungen geht man links. Auf schattigem Maultierpfad – zunächst an einem Bach entlang – aufwärts bis zu einem Querweg unterhalb einer Eiche. Hier geht man links, erreicht wieder den Fahrweg, steigt auf ihm weiter an. Bei den ersten Häusern von Poggio Murella eine Asphaltstraße, auf der man nach rechts geht bis zum Ortszentrum (1:20 Std.)

Weiter auf der Straße, bei einer Gabelung (vor der Post) links, bei der nächsten Gabelung rechts. Am Ortsausgang beschreibt die Straße bei einem einzeln stehenden Haus eine leichte Linkskurve; man geht hier geradeaus in einen abwärts führenden Fahrweg. Schöner Kammweg mit weiten Blicken nach Süden. Der Weg senkt sich; bei zwei Gabelungen geht man jeweils links. Kurz nach der zweiten Gabelung über einen Bach (1:45 Std.), dann auf Fahrweg aufwärts. Bei einer Gabelung kurz nach dem Bach (rechts ein Gatter) links halten.

Auf der Höhe angelangt, geht man geradeaus, wiederum abwärts. Immer dem Fahrweg folgend (über einen Bach, vorbei an einem Bauernhaus), gelangt man unterhalb von San Martino zu einer Wegkreuzung, geht hier links aufwärts zum Dorf (2:45 Std.; Bar, Hotel, Geschäfte).

Variante: Bei der Wegkreuzung kann man geradeaus gehen, wenn man zwischen S. Martino und Sovana die bequemere Variante gehen will – s. unten – und nicht unbedingt ins Dorf möchte.

Man überquert die Straße Semproniano – Sovana, geht geradeaus durch das Dorf, überquert am Ortsende nochmals die Straße, gelangt zu einem kleinen Plätzchen, wendet sich hier nach halblinks (oder – Variante, vgl. unten – nach rechts), überquert ein drittes Mal die Straße (beim Km-Stein 19), geht auf einem Fahrweg abwärts. Blicke auf Pitigliano und – links davon, hinter einem Wäldchen – Sovana. Bei einer Gabelung nach 200 Metern rechts.

Man folgt diesem – allmählich undeutlicher werdenden – Weg, geht bei einer Gabelung (3:20 Std.) rechts (nach links führt eine Fahrspur in Richtung auf den Fluß), bei der nächsten Gabelung (unmittelbar darauf) wiederum rechts (nach links führt eine Abzweigung hinab zu einem Bach), überquert 100 Meter weiter den Bach, steigt nach links an. Ein Querweg, man geht links.

Nach 150 Metern eine kleine Kammhöhe; man geht auf einer Fahrspur nach rechts durch eine Wiese abwärts. Fahrspur wendet sich nach links; nach der Linkskurve geht man bei einer Abzweigung rechts abwärts; bei der nächsten Abzweigung geradeaus. So gelangt man ins Flußtal; auf einem Fahrweg nach rechts. Der Fahrweg führt durch den Fluß (man muß Schuhe und Strümpfe ausziehen), dann zu einem Querweg. Nach rechts, über kleinere Wasserläufe, auf dem linken Ufer der Fiora flußabwärts auf eine Straßenbrücke zu, 200 Meter vor dieser bei einer Abzweigung auf dem kleineren, nach links führenden Weg zur Straße Semproniano – Sovana (3:55 Std.).

Variante – um die Flußdurchquerung zu vermeiden: Man geht auf der Straße Semproniano – Sovana abwärts – *entweder*, indem man bei der Wegkreuzung vor S. Martino geradeaus geht und so in wenigen Minuten die Straße erreicht, sich auf dieser nach rechts wendet, *oder* indem man bei dem ›kleinen Plätzchen‹ unterhalb von S. Martino (s. o.) nach rechts zur Straße geht. Kurz nach Kilometerstein 17,2 biegt man in einen Fahrweg nach links abwärts, erreicht auf diesem die Fiora-Brücke (3:40 Std.).

Man geht auf der Straße nach links, biegt nach einer Rechtskurve – ca. 300 Meter nach der Brücke – in einen nach links ansteigenden Fahrweg. (Wenn man das folgende Stück, in dem die Orientierung nicht immer einfach ist, umgehen will, gehe man hier auf der Straße geradeaus weiter. Nach etwa zwei Kilometern findet man links einen Wegweiser ›Tomba Ildebranda‹. Von dort weiter wie unten beschrieben.)

Nach ca. fünf Minuten auf dem Fahrweg wendet man sich bei einer einzeln stehenden Eiche durch ein Gatter nach rechts. Auf einem Weg an Weinreben entlang, am Ende der Weinpflanzung nach links, dann auf kaum erkennbarem Pfad an Beeten und einem Feld vorbei, immer entlang einer Hecke oberhalb eines Baches. Man gelangt nach kurzer Strekke zu einigen Kirschbäumen am Beginn eines felsigen kleinen Tals, wendet sich hier nach rechts in einen winzigen Pfad, der zum Bach hinunterführt. Über den Bach, aufwärts zu einer Wiese, schräg nach links über die Wiese. An ihrem oberen Ende – in der Mitte – findet man ein Gatter und hinter diesem einen Weg. Auf dem Weg nach wenigen Metern nach links, an einer Hecke entlang. Man durchschreitet zwei weitere Gatter und erreicht den etruskischen Hohlweg ›Cavone‹ (4:25 Std.; ab hier vgl. Beschreibung der Nekropole S. 90 ff.).

Im Hohlweg nach rechts gehend, gelangt man zur Straße (4:40 Std.), biegt fünfzig Meter vor dieser nach rechts in einen aufwärts führenden Fahrweg (Wegweiser: Tomba Ildebranda). Vom Fahrweg zweigt nach wenigen Minuten ein Pfad nach links zur Tomba Ildebranda ab (Wegweiser). Auf gleichem Pfad zurück, zum Fahrweg, auf diesem wenige Meter nach links aufwärts, dann in einen nach rechts abzweigenden Pfad, welcher zur Tomba del Tifone führt. Vor der Tomba del Tifone nach rechts absteigend, gelangt man zurück zur Straße (4:50 Std.).

Auf der Straße geht man nach links, biegt nach kurzem Stück – bei Kilometer 10,8, kurz vor einer Brücke – nach rechts in eine Fahrspur. Dieser folgend, überquert man einen Bach, steigt auf der anderen Seite ohne Weg an, geht rechts an den Ruinen der Kirche San Sebastiano vorbei (das Gemäuer ähnelt eher einem verfallenen Bauernhaus als einer Kirche), von dort noch hundert Meter am Feldrand entlang. Man findet einen kaum sichtbaren Pfad, der nach rechts ansteigt. Auf der Höhe angelangt, beschreibt der Pfad eine Linkskurve; bald darauf eine Gabelung, man geht links. (Rechts ein eindrucksvoller, in den

Das Hildebrands-Grab (Tomba Ildebranda) bei Sovana

Tuff gehauener etruskischer Weg; ein kleiner Abstecher lohnt.)

Kurz darauf biegt man bei einer Abzweigung, unter einem überhängenden Felsen hindurchgehend, nach rechts. Man kommt an zahlreichen einfachen, in den Fels gehauenen Etruskergräbern vorbei, findet schließlich zwei interessante ›Halbwürfel-Gräber‹ (Wegweiser: tombe etrusche III – II sec.). Wenige Meter danach rechts die Tomba della Sirena. Man folgt dem Pfad weiter, gelangt wieder zur Straße.

Auf der Straße geht man durch einen Tunnel (lohnender Abstecher zu frühchristlicher Felskapelle, 10 min: unmittelbar vor dem Tunnel steigt man auf einem Pfad nach links an, findet die Grotten oberhalb des Tunnels), biegt nach dem Tunnel in einen rechts aufwärts führenden Weg und gelangt auf diesem in wenigen Minuten, am Dom vorbeigehend, in die Ortsmitte von Sovana (5:20 Std.).

Wichtige Hinweise

Dauer: 5:20 Std. Dazuzurechnen ist die Zeit für die Besichtigung der Etruskergräber. Durch die abkürzenden Varianten wird etwa eine halbe Stunde ›eingespart‹; doch ist der längere Weg erheblich schöner.

Wegbeschaffenheit: zunächst (bis S. Martino) Fahrwege; dann auf den einfacheren Varianten Asphaltstraße und Fahrweg; auf dem ›Hauptweg‹ z. T. schmale Pfade, einige Wegstücke querfeldein. ›Sportliche‹ Überquerung der Fiora: das Wasser kann durchaus kniehoch – bei ungewöhnlich hohem Wasserstand auch höher – stehen.

Anstiege: Terme di Saturnia – Poggio Murella 250 m; insgesamt ca. 350 m.

Schwierigkeitsgrad: anstrengend nur aufgrund der langen Dauer der Wanderung.

Orientierung: schwierig.
Variante: leicht

Restaurants in Poggio Murella und Sovana; Geschäfte und Bars auch in S. Martino al Fiora.

Hotels in Poggio Murella, S. Martino al Fiora, Sovana (vgl. S. 96)

Am Wege:

Sovana, kleiner Ort mit mehr als zweieinhalbtausendjähriger Geschichte. Existierte als ›Suana‹ bereits im 7. Jh. v. Chr. Bedeutendes etruskisches Zentrum. Im Mittelalter Bischofssitz; Geburtsort des Papstes Gregor VII.

Große etruskische *Nekropole, Dom* (12./13. Jh.), *Kirche S. Maria* (12./13. Jh.), *Burg* aus dem 11. Jahrhundert. Vgl. Beschreibung S. 90ff.

Außer den S. 90ff. beschriebenen, an der Wanderstrecke liegenden Etruskergräbern befinden sich zahlreiche weitere Gräber in der Umgebung Sovanas, insbesondere im Osten des Ortes (Monte Rosello; italienischsprachige Beschreibung und nähere Informationen in Geschäften in Sovana).

Sovana: etruskische Nekropole, romanische Kirchen

Im äußersten Süden der Toscana, abseits aller großen Verkehrsverbindungen, bildet Sovana eine Ortschaft eigenen Gepräges. Erst im letzten Jahrhundert, seit der Erforschung der etruskischen Gräberstadt durch englische Reisende, ist der kleine Ort aus dem Dunkel wiederaufgetaucht, in das er für Jahrhunderte versunken war. Und doch war Sovana sowohl in der Etruskerzeit wie im Mittelalter eine blühende Stadt, Zentrum der landwirtschaftlich geprägten Region der Maremmen.

Der Reiz Sovanas für den heutigen Besucher bildet sich in der Verbindung beider Elemente: der einstigen Größe und des langdauernden Niedergangs. Beide sind noch spürbar. Die mittelalterlichen Gebäude des Ortes – vor allem der Dom und die Kirche S. Maria – und die großartige Nekropole sprechen von der ruhmvollen Vergangenheit; die geringe Ausdehnung Sovanas, sein nahezu dörflicher Charakter, die Einbettung in eine wuchernde, von den Menschen wenig geformte Natur zeigen, wie lange die großen Zeiten schon vergangen sind. Sovana ist keine Ruinenstadt (wie das etruskische Norchia oder das mittelalterliche Ninfa in Latium), aber auch kein durch die Jahrhunderte lebendig gebliebener städtischer Organismus (wie San Gimignano oder Siena); es stellt ein Mittleres zwischen diesen beiden Formen dar. Sovana hat einen ungewöhnlichen Charakter, eine einzigartige Physiognomie, welche entstanden sind aus der Verschmelzung der etruskischen Landstadt, des mittelalterlichen Bischofssitzes und des armseligen Dorfes von Schafhirten, zu welchem es in der Neuzeit wurde.

Zu Beginn dieses Jahrhunderts schrieb der italienische Schriftsteller Nicolosi: »Seine besondere Schönheit, die zugleich melancholisch, streng und machtvoll ist; die vollkommene Verlassenheit, welche es völlig von der Welt isoliert, wie eine stolze entmachtete Königin, die keinerlei Mitleid will; die monumentalen Gräber, welche es mit Geheimnis umgürten ... durch dieses alles konzentriert und verkörpert Sovana in wunderbarer Weise die Größe und Strenge der Maremmen, jener wilden und großartigen, unbekannten und verlassenen Landschaft.«

Unbekannt und verlassen ist der Ort heute nicht mehr, aus den 64 Einwohnern des Jahres 1833 sind neuerlich etliche hundert geworden, zwei Restaurants, ein kleines Hotel und einige Läden finden sich im Ort; er bleibt dennoch, schon durch seine Lage, ein Stiefkind des Tourismus, abseits der gängigen Toscana-Programme.

Zahlreiche *etruskische Gräber* liegen in der Umgebung der Stadt. Sie stammen vor allem aus dem 3. bis 1. Jahrhundert v. Chr. Zu dieser Zeit war Sovana ein bedeutendes Zentrum, in dem die etruskische Kultur trotz der Unterwerfung durch die Römer lebendigen Bestand hatte.

Dem oben beschriebenen Wanderweg folgend, gelangt man zunächst in den ›*Cavone*‹, eine in den Tuff gehauene Etruskerstraße. Dieser Weg hat sich im Laufe der Jahrhunderte immer tiefer in den Fels eingeschnitten. Im oberen Teil der Felswand erblickt man einfache etruskische Gräber, in der Mitte Nischen, in welchen sich im Mittelalter Madonnenbilder befanden. Die Grabkammern und Nischen zeigen das jeweilige Straßenniveau jener Zeiten an. Am unteren Ende des Weges hatten die Etrusker einen Altar errichtet, bei dem die Reisenden Weihgeschenke hinterließen. Zahlreiche dieser Votivgaben wurden bei einer Ausgrabung 1912 gefunden.

Die *Tomba Ildebranda* ist eines der größten erhaltenen Etruskergräber. Sie hat eine kleine, nur für eine Person gedachte Grabkammer und einen repräsentativen Außenbau in Form eines Tempels. Dieser Tempel ist von etruskischen Handwerkern aus einem großen Tuffelsen herausgearbeitet worden, wurde dann mit einer Stuckglasur überzogen, so daß man ihn bemalen konnte. Die Großartigkeit des Monuments, seine Lage oberhalb der Kreuzung mehrerer Etruskerstraßen und die kleine, individuelle Grabkammer lassen darauf schließen, daß in diesem Grab eine sehr bedeutende Persönlichkeit bestattet wurde, vermutlich in einem Gebiet, in welchem sich bereits Gräber von Familienangehörigen (links und rechts der Tomba Ildebranda) befanden. Das Grab wird auf etwa 200 v. Chr. datiert.

Die Grabarchitektur entfaltete sich an drei Seiten des Felsens. Zwölf Säulen (vier an jeder Seite) trugen einen Fries, der halb so hoch wie die Säulen war – kennzeichnend für die etruskische Architektur, die der römische Theoretiker Vitruv ›kopflastig‹ nannte. Auf dem Fries (seine Reste befinden sich heute im Archäologischen Museum Florenz, mit Ausnahme eines kleinen Stücks, welches am Ort belassen wurde) sah man geflügelte Greifen, Blumen- und Tierdarstellungen. Innen und außen war der Tempel in lebendigen Farben bemalt.

Heute sieht man noch den Kern des Tempelbaus, die Säulenstümpfe, eine erhaltene Säule mit Kapitell und einem Teil des Frieses, Reste der Bemalung. Das Ganze erlaubt eine recht gute Vorstellung vom Originalzustand, wirkt auch durch die schöne Lage des Felsengrabes inmitten dichter Vegetation.

Rechts neben dem Hildebrandsgrab ein *Grab des 4. Jahrhunderts* mit Dromos (Zugangsweg) und schöner, fein gearbeiteter Decke. Vor dem Eingang die Steine, welche das Grab abschlossen.

Die *Tomba del Tifone* (2. Jh. v. Chr.) ist ein Grab in Form eines Hauses. Eine verzierte Decke mit Stuckresten; an der – sehr verwitterten – Fassade Reste eines aus dem Tuff gehauenen Kopfes.

Dem Wanderweg folgend, erreicht man die *›Halbwürfel-Gräber‹* (Tombe a semidado), aus dem Fels geschlagene, an einer Seite mit diesem verbundene kubische Grabkammern, welche zum Teil noch die Reste früherer Verzierungen aufweisen. Schließlich die *Tomba della Sirena*, das Sirenengrab (3.–2. Jh. v. Chr.). Oberhalb des Eingangs die Skulptur der ›Sirene‹ (in Wirklichkeit wohl eine Skylla) mit zwei Fischschwänzen; rechts und links – kaum noch zu erkennen – zwei geflügelte nackte Gestalten. An den Seiten der ursprünglich fünfeckigen Grabfassade befanden sich Skulpturen etruskischer Gottheiten; links vermutlich Vanth, die Göttin des Todes, rechts (teilweise noch erkennbar) eine nicht klar identifizierte Gestalt.

Die Nekropole von Sovana weist eine Vielfalt verschiedener Grabformen auf, wie man sie in keiner anderen etruskischen Gräberstadt findet. Eindrucksvoll ist die Lage der Gräber in den steil abfallenden Felsen der Cañons, im Grün der Pflanzen, welche die rostfarbenen Tuffelsen bedecken; man hört das Rauschen der Bäche im Tal und lautes Vogelgezwitscher.

Die etruskischen Gräberstädte – das gilt nicht nur für Sovana – liegen an Orten des Schattens, der Frische, des Wassers, der Kühle. Eine schützende, schenkende, quellende Erde nimmt die Toten auf; aber zugleich zeigt die Grabarchitektur den Bezug zur fortbestehenden Welt der Lebenden, welche auf ihren Straßen an diesen oft monumentalen Gräbern vorbeiziehen. Der Eingang zur Totenwelt ist repräsentativ symbolisiert, von niemandem zu übersehen. Die Symbole des Lebens und des Todes finden sich in unmittelbarer Nähe. Licht und Dunkelheit, Sonnenhitze und feuchte Kühle, Pflanze und Fels durchdringen sich wechselseitig; die Stadt der Lebenden (auf der Höhe des Hügels) und die Totenstadt (eingesenkt in die Schlucht) stehen in dauerndem Bezug.

Auf dem Weg zur Stadt (der Lebenden) findet man – oberhalb des modernen Straßentunnels – zwei frühchristliche *Felskapellen*, die vielleicht in einfache etruskische Gräber hineingebaut wurden. An der Decke der ersten ein aus dem Tuff geschlagenes Kreuz; Andeutung einer Apsis und eines Altartisches. In der linken Kapelle ebenfalls Reste eines Altars; außerdem – kaum noch erkennbar – Fresken mit Heiligenbildern. Die Fresken stammen aus dem 14./15. Jahrhundert, die Kapellen selbst vermutlich aus der Zeit der Christianisierung Sovanas (4./5. Jh.).

Schon im 5. Jahrhundert wurde Sovana Bischofssitz, blieb lange Zeit ein bedeutendes religiöses Zentrum. Hier wurde Hildebrand von Sovana geboren, der spätere Papst Gregor VII. (der Heinrich den Vierten zum Gang nach Canossa zwang). Durch seine Lage abseits der großen Verkehrswege trug der Ort immer ein landwirtschaftliches Gepräge; Handel und Gewerbe entwickelten sich nur wenig. Die mächtige Adelsfamilie der Aldobrandeschi behielt den Ort in ihrer Gewalt; das städtische Bürgertum blieb zu schwach, um die Bildung einer Selbstverwaltung durchzusetzen. 1410 verleibte Siena das Gebiet Sovanas seinem Territorium ein; knapp hundertfünfzig Jahre darauf ging es in den Besitz der Medici über. Wirtschaftlicher Niedergang und die Malaria entvölkerten die Stadt, die zu einem ärmlichen Dorf geworden war, als 1843 der Engländer Ainsley als erster die etruskischen Gräber erforschte.

Am östlichen Eingang der Stadt, an der Seite, welche am schwersten zu verteidigen war, finden sich die Überreste der *Aldobrandeschi-Burg* aus dem 11. Jahrhundert. Das Adelsgeschlecht der Aldobrandeschi beherrschte Sovana vom 9. bis ins 14. Jahrhundert, bewahrte seine Macht in langen Auseinandersetzungen mit den freien Städten Siena und Orvieto.

Auf einer zum Teil noch mit Ziegelsteinen gepflasterten Straße (die Pflasterung, mit Fischgrätmuster, stammt aus dem späten 16. Jh.), vorbei an niedrigen mittelalterlichen Häusern, erreicht man die *Piazza del Pretorio,* den Mittelpunkt des Ortes, mit einer Reihe von öffentlichen und sakralen Gebäuden. An der linken Seite zunächst die Ruinen der Kirche S. Mamiliano, welche vermutlich die erste Bischofskirche Sovanas war. Sie entstand auf den Resten eines etruskisch-römischen Gebäudes, von dem man an den Grundmauern Spuren sieht. Es folgt der Palazzo Bourbon del Monte aus dem 17. Jahrhundert, Eigentum einer gleichnamigen Adelsfamilie, eine Zeitlang Sitz öffentlicher Ämter. Daran anschließend die romanische Kirche S. Maria. An der Stirnseite der Piazza die Loggia del Capitano, mit großem Mediciwappen. Rechts der romanische, im 15. Jahrhundert umgebaute Palazzo Pretorio, mit verschiedenen Wappen der von Siena und Florenz eingesetzten Statthalter. Rechts vom Portal eine Säule, an der öffentliche Bekanntmachungen ausgehängt wurden.

Das interessanteste dieser Gebäude ist die *Kirche S. Maria*. Sie stammt (mit Ausnahme des Glockenturms) aus dem 12./13. Jahrhundert und beherbergt ein ungewöhnliches Kunstwerk: ein langobardisches Ziborium (8./9. Jh.), welches aus einer älteren Kirche hierher verbracht wurde. Schöne Dekoration des Baldachins: Flechtbänder, Blattwerk, Weintrauben, Pfauen, Sonnen. Eine Reihe von Renaissancefresken in der Kirche, darunter eine Verkündigungsszene (Kapelle gegenüber dem Eingang).

Rechts an der Loggia del Capitano vorbeigehend, erreicht man (linker Hand, heute Antiquitätengeschäft) zunächst das angebliche Geburtshaus des Papstes Gregor VII., dann den romanischen *Dom Santi Pietro e Paolo*. Er stammt aus dem 12./13. Jahrhundert, bewahrt Reste einer älteren Kirche, so die einfache Krypta (8. Jh.; Eingang unterhalb der Apsis). Teilstücke aus der ersten Kirche finden sich auch an dem schönen Portal mit seiner reichen Dekoration (Löwenköpfe, eine Sirene, Pfauen, Flechtbänder, kreisförmige Blüten).

Im Kircheninnern läßt sich der Übergang von der Romanik zur Gotik verfolgen (das rechte Seitenschiff gotisch). Schöne Kapitelle, auf der rechten Seite (Schmuckformen) vielleicht von Sant'Antimo (s. S. 58ff.) beeinflußt; das mittlere Kapitell links mit reichem Figurenschmuck; zahlreiche Szenen sind hier auf engem Raum zusammengedrängt: Abraham und die Frauen, Opfer Isaaks, Adler mit Schlange im Schnabel und Hasen zwischen den Krallen, Daniel in der Löwengrube, Büßer, der Gang durchs Rote Meer, Adam und Eva im Paradies, Schlüsselübergabe, der Prophet Elias, Stadttor mit menschlicher Gestalt. Der Inhalt der Szenen ist kaum erkennbar, die Figuren aber anrührend in ihrer ›primitiven‹ Ausdruckskraft. Im rechten Seitenschiff Grabmal des heiligen Mamiliano (15. Jh.) und eine römische Grabstele. Taufbrunnen von 1484.

Vom Dom weiter stadtauswärts gehend, findet man Teilstücke etruskischer Mauern aus großen Tuffblöcken. An dieser Stelle erhob sich einst ein etruskischer Tempel (Reste heute im Archäologischen Museum Florenz). Auch hier, wie an anderen Stellen in dem uralten Sovana, stehen die Bauten verschiedener Jahrtausende in unmittelbarer Nachbarschaft.

10. Tag
Der Ort auf dem Felsen
Von Sovana nach Pitigliano

Die kurze letzte Wanderung führt zu dem eindrucksvoll auf einen Tuffelsen gebauten Ort Pitigliano, der mit seinen engen Gassen, Brunnen, Torbögen, mit seiner Lage hoch über zwei Schluchten schon eher latinisches als toskanisches Gepräge zeigt. Die Wanderung selbst, ohne außerordentliche landschaftliche Höhepunkte, lebt vor allem von den Blicken auf die beiden Orte Sovana und Pitigliano. Im ersten Teil schaut man zurück auf Sovana mit seinen Kirchen vor dem Hintergrund der Berge, im zweiten Teil kommt Pitigliano ins Blickfeld; auf Maultierpfaden erreicht man den Ort von einer Seite, die dem Autoverkehr unzugänglich ist, betritt ihn durch ein altes Stadttor.

Wegbeschreibung

Man verläßt Sovana auf der Straße Richtung Sorano, biegt am Ortsausgang, hinter der Burg Rocca Aldobrandini, in eine nach rechts abwärts führende Straße (Wegweiser: Necropoli etrusca). Man folgt dieser Straße zwischen Tuffelsen. Der Asphalt hört auf (15 min). Wenig später ein Weg von rechts; man geht geradeaus, schlägt an der darauffolgenden Gabelung den kleineren, nach links führenden Weg ein. Vorbei an einem Bauernhaus (40 min), durch ein Gatter, an der darauffolgenden Gabelung auf den rechten – unteren – Weg.

300 Meter nach dem Bauernhaus – sobald rechts vom Wege eine Wiese mit Olivenbäumen auftaucht – verläßt man den Weg, klettert nach rechts durch einen Zaun, steigt über eine kleine Böschung hinab auf die Wiese. (Wer hier Orientierungsschwierigkeiten hat, kann auf dem Weg geradeaus weitergehen, erreicht die Straße Sorano – Pitigliano, geht auf ihr nach rechts bis zu Kilometer 0,9; weiter wie unten beschrieben.

Man geht querfeldein über die Wiese abwärts, hält sich, ins Tal gelangend, nach links und findet eine aufwärts führende Fahrspur (50 min). Auf dieser weiter, durch zwei Gatter, auf der Höhe bei einem Querweg links, gleich darauf vor einem Bauernhaus rechts und bei einem weiteren Querweg wieder links. Man gelangt zur Straße Sorano – Pitigliano (1:05 Std.) beim Kilometer 2,8. Man folgt der Straße nach rechts, geht auf ihr knapp zwei Kilometer mit schönen Blicken auf Pitigliano und eine der Schluchten am Ortsrand, überquert auf einer Straßenbrücke das Flüßchen Lente und biegt wenige Meter danach, beim Kilometerstein 0,9, in einen nach links abzweigenden Pfad, auf dem man ansteigend Pitigliano erreicht (2 Std.).

Pitigliano

Wichtige Hinweise

Dauer: 2 Std.
Wegbeschaffenheit: Fahrweg; ein kurzes Stück querfeldein; gut 2 km auf Asphaltstraßen; Maultierpfade.
Anstiege: insgesamt ca. 150 m.
Schwierigkeitsgrad: leicht.
Orientierung: mittelschwer.
Restaurants / Hotel (S. 96) in Pitigliano.

Am Wege

Pitigliano, mittelalterliches Städtchen mit einer Reihe von Gebäuden der Renaissance und Spätrenaissance. Beeindruckend ist die Lage des Ortes auf einem Tuffelsen oberhalb dreier an dieser Stelle zusammentreffender Schluchten. Der Ort war bereits in etruskischer und römischer Zeit besiedelt, wurde im Mittelalter Bischofssitz.

Palazzo Orsini (im 14. Jh. errichtet, im 15. und 16. Jh. vergrößert und umgebaut); *Dom* (im Mittelalter erbaut, im 16. und 18. Jh. verändert; barocke Fassade). – Pitigliano ist ein wichtiges Zentrum des Weinhandels und der Weinproduktion (Bianco di Pitigliano).

Hinweis zur Zeiteinteilung:
Für die Besichtigung von Sovana (ohne Etruskergräber) sollte man zumindest eineinhalb Stunden einplanen; für einen Rundgang durch Pitigliano rechne man mit einer Stunde. Die letzten Busse ab Pitigliano fahren gegenwärtig um 13.35 (nach Rom) bzw. 15.45 Uhr (nach Orbetello / Grosseto) (letzterer nur werktags). Wenn man am letzten Wandertag nicht mehr in Pitigliano übernachten möchte, teile man sich also die Zeit entsprechend ein, um die Busse zu erreichen.

Hotels (von Siena nach Pitigliano)

Provinz Siena
(Telefon-Vorwahl 05 77)

53041 Asciano
Lo Spiedo (4), Via Roma 13, ✆ 71 86 29/ 71 87 55

In Pitigliano

Abbazia di Monte Oliveto Maggiore, presso 53022 Buonconvento: einfache Übernachtungsmöglichkeit. ✆ 70 70 17

53022 Buonconvento
Roma (4), ✆ 80 60 21

53024 Montalcino
Il Giglio (4), Via Soccorso Saloni 49, ✆ 84 81 67
Giardino (4), ✆ 84 82 57

53020 Bagno Vignoni
presso S. Quirico d'Orcia:
La Posta (3), ✆ 88 71 12
Le Terme (3), ✆ 88 71 50

53020 Castiglione d'Orcia
Le Rocche (4), ✆ 88 70 31

53020 Vivo d'Orcia
Amiata (4), Via Amiata 212, ✆ 87 37 90
Pensione Flora (P 3), ✆ 87 37 24

Provinz Grosseto
(Telefon-Vorwahl 05 64)

58037 S. Fiora-Marroneto
Il Caminetto (4), ✆ 97 72 33

58053 Roccalbegna
La Pietra (4), ✆ 989019

58050 Petricci
La Cerinella (3), ✆ 984015

58055 Semproniano
La Costarella (4), 3 via Fiume, ✆ 986319

58050 Saturnia
Le Terme (1), ✆ 601061
Villa Clodia (2), ✆ 601212
Saturnia (3), Via Mazzini 4, ✆ 601007
private Zimmervermietung:
Bar Sport ✆ 601001
Cherubina ✆ 601034
Alle Cascate ✆ 602978

58050 Capanne
Locanda da Bianchina, ✆ 607843

58050 Poggio Murella
Locanda Al Poggio, ✆ 607953

58050 S. Martino sul Fiora
Locanda Pellegrini, ✆ 607815

58010 Sovana
Taverna Etrusca (4), Piazza del Pretorio, ✆ 616183

58017 Pitigliano
Guastini (3), Piazza Petruccioli 4, ✆ 616065

Die Zahl in Klammern hinter dem Hotelnamen bezeichnet die Kategorie. Bei mehreren Hotels in einem Ort werden die teureren zuerst genannt.

Langfristige Vorbestellung insbesondere empfohlen für Sovana (Hotel hat nur vier Zimmer) sowie an Feiertagen für Saturnia und Umgebung (viele italienische Ausflügler, welche die Thermen besuchen).
Im Hotel in Petricci samstags Diskothek (großer Lärm).

Zu den Farbtafeln 1–14

1 Weingut im Chianti-Gebiet
2 Schafherde in den ›Crete Senesi‹
3 Die ›Crete Senesi‹ zwischen M. Oliveto Maggiore und Montalcino
4 San Gimignano
5 Im Klosterhof von Sant'Antimo
6 Torre Cajetani im südlichen Latium
7 Das Bergdorf Capranica Prenestina östlich von Rom
8 Toskanisches Bauerngehöft
9, 10 Landschaften am Monte Amiata (südlich von Siena)
11 Am Bolsenasee
12 Civita Bagnoregio im nördlichen Latium
13 Blick zum Monte Soratte
14 Bei San Vito Romano

6

7

5

8 ▷

9

10

11
12

13 ▷